KB211457

당신의 자리에는
이유가 있습니다

당신의 자리에는 이유가 있습니다

지은이 | 황성은
초판 발행 | 2020. 6. 10
2쇄 발행 | 2020. 6. 24
등록번호 | 제1988-000080호
등록된 곳 | 서울특별시 용산구 서빙고로 65길 38
발행처 | 사단법인 두란노서원
영업부 | 2078-3352   FAX | 080-749-3705
출판부 | 2078-3331

책값은 뒤표지에 있습니다.
ISBN 978-89-531-3771-4 03230

독자의 의견을 기다립니다.
tpress@duranno.com www.duranno.com

두란노서원은 바울 사도가 3차 전도여행 때 에베소에서 성령 받은 제자들을 따로 세워 하나님의 말씀으로 양육하던 장소입니다. 사도행전 19장 8-20절의 정신에 따라 첫째 목회자를 돕는 사역과 평신도를 훈련시키는 사역, 둘째 세계선교(TIM)와 문서선교(단행본·잡지) 사역, 셋째 예수문화 및 경배와 찬양 사역, 그리고 가정·상담 사역 등을 감당하고 있습니다. 1980년 12월 22일에 창립된 두란노서원은 주님 오실 때까지 이 사역들을 계속할 것입니다.

당신의 자리에는
이유가 있습니다

지금 느헤미야를
묵상하다

황성은 지음

두란노

목차

산길을 걷다 보면 갑자기 길이 보이지 않을 때가 있습니다. 산을 오르는 사람들이 가장 두려워하는 상황 중 하나일 것입니다. 그때 한쪽에 조그마한 이정표 하나, 조심스럽게 걸려 있는 것을 보면 마음에 큰 위로가 되지요. 이번에 출간된 황성은 목사님의 첫 번째 설교집《당신의 자리에는 이유가 있습니다》는 어쩌면 코로나19로 길을 잃어버린 교회와 성도들에게 안심과 희망을 주는 조그마한 이정표가 아닐까 합니다.

전에 없던 방식의 새로운 포로기로 코로나19 시대를 진단하는 저자는 느헤미야서를 읽어 내려가면서 우리가 해야 할 회개가 무엇인지, 그리고 우리가 이제 무엇을 할 수 있으며, 어떤 일을 해야 하는지를 조목조목 설득력 있게 설명합니다. 포로에서 귀환하여 다시 성벽을 세우는 느헤미야의 삶과 신앙을 살피면서 차분하게 이제 우리가 해야 할 일들을 찾아가는 저자에게서 길을 잃은 등산로에서 지도를 다시 펴서 차분히 살피는 지혜로운 안내자의 모습을 보게 됩니다.

'텅 빈 예배당'의 모습 속에서 포로기의 '무너진 성전'을 보는 저자의 깊은 영성은 책의 처음부터 마지막까지 이 시대를 향한 하나님의 뜻을 묻는 애통한 모습으로 나타납니다. 글을 읽어 내려가다 보면 때로는 부끄럽고, 때로는 격려가 되고, 때로는 용기가 생겨납니다. 단순하고 명료한 글로, 누구나 알아듣기 쉽게, 이 시대를 향해 아파하는 마음으로 하나님의 뜻을 전하는 이 책은 코로나19의 상황 속에서 고통스러워하고 혼란스러워하는 성도들에게 위로와 용기를 주기에 부족함이 없을 것입니다. 조그마한 이정표를 발견한 후에 걷는 산길이 안심이 되고 기쁨이 되듯이, 이 책을 읽는 이들이 위로와 기쁨을 얻게 될 것입니다.

김경진 소망교회 담임목사

혼란한 시대에 느헤미야의 리더십에 주목하여 조언하는 책들이 많지만, 이 책은 느헤미야서의 또 다른 맛을 느끼게 해 주었습니다. 우선 쉬워서 좋습니다. 한경직 목사님은 어려운 내용을 쉽게 전해야 훌륭한 설교라고 하셨답니다. 쉬운 메시지는 저자의 영혼에 녹아서 다시 흐를 때 가능합니다. 그런 면에서 이 책을 읽다 보면 느헤미야서를 붙잡고 하나님 앞에서 씨름했을 시간이 느껴집니다.

황성은 목사님의 책은 느헤미야에게 예루살렘의 소식이 전해지는 1장에서부터 백성의 삶을 다시 거룩하게 세우기 위해 분투하는 13장까지의 전 과정을 모두 다루어 느헤미야서 입문으로 최적이라 생각합니다. 또 본문을 이해하는 데 필요한 배경 설명을 충분히 곁들인 것도 도움이 됩니다.

모름지기 목회자는 시대의 아픔에 공감하고, 그 대안을 말씀으로 제시해야 하는데, 이 책은 코로나19 사태로 당황하고 고통받는 이 시대를 향해 내놓은 응답 같습니다. 황성은 목사님으로 하여금 귀한 책을 저술하게 하신 하나님께 감사와 영광을 돌리면서, 목회자와 성도 모두가 함께 읽을 수 있고, 읽어야 할 책이라 여겨 이 책을 추천합니다.

김운성 영락교회 위임목사

황성은 목사님은 전통 교회를 이끄는 목회자나 새로운 스타일의 목회를 하는 목회자들 모두에게 도전과 모범이 되는 목회자입니다. 본질에 충실하면서도 그 본질이 새로운 환경에서 어떻게 전달되고, 열매 맺을 수 있는지를 늘 고민하며 추구하기 때문입니다. 그의 목회는 바로 그의 설교에서 그대로 드러납니다.

이 책을 보면서 진주를 발견한 것같이 기뻤습니다. 모범적인 설교의 교과서를 대하는 것 같았기 때문이며 이런 모범적인 설교는 그리 쉽지 않기 때문입니다. 좋은 설교란 살아 계신 하나님의 말씀이 오늘 이 시대에 적용되도록 하는 선포입니다. 느헤미야가 직면했던 문제들이 오늘날 우리가 당면한 문제들이고, 그에게 말씀하신 하나님의 선포가 곧 우리 시대에 주시는 하나님의 해답입니다.

이 책은 이미 무너져 내린 오늘의 자리에 대한 하나님의 응답을 전합니다. 특히 코로나19 사태 중 전한 설교라는 점에서 특별합니다. 또한 느헤미야 시대와 성경 본문에 관한 깊은 내용을 참으로 쉽게 전달해 준다는 점에서 탁월합니다. 음식으로 말하면, 탁월한 요리사의 손을 거친 요리이거나 엄마의 손을 거친 사랑이 가득 담긴 음식과도 같습니다. 그래서 이 책을 읽을 때 기쁨이 생겼고, 책을 내려놓을 때 마음에 감동이 넘쳤습니다.

림형천 잠실교회 담임목사

코로나19 전염병의 어두운 터널을 지나고 있는 이 시대에 나아갈 길을 비추어 주는 빛은 오직 성경 말씀뿐입니다. 수많은 믿음의 사람이 역사의 숱한 어둠을 헤치고 나가도록 이끌어 주시는 하나님의 대책은 말씀이기 때문입니다. 그중 느헤미야는 무너진 성벽을 재건하는 프로젝트만이 아닌 무너진 신앙의 성벽을 다시 세우는 부흥 프로젝트에 쓰임 받은 하나님의 사람입니다. 황성은 목사님이 코로나19 바이러스의 공격으로 무너져 가는 일상과 교회의 성벽을 어떻게 다시 세워 갈 수 있을 것인가를 말씀 속에서 너무도 귀하게 설명해 주셨습니다. 진리를 단순하면서도 깊이 있게 설파해 주시는 은사와 영혼에 대한 넘치는 사랑이 잘 어우러진 이 책은 한국 교회의 무너진 영성을 다시 세우는 귀한 통로가 되리라고 확신합니다. 이 책을 통해 어두운 재난의 터널을 믿음으로 승리하며 지날 수 있기를 바라며 강력하게 추천합니다.

이재훈 온누리교회 담임목사

이 책은 참 소중합니다. 하나님의 말씀, 그중에서도 느헤미야서를 통해서 공동체의 고난을 나의 고난으로 경험하여 기도하도록 이끌어 우리의 '지경'을 넓히시는 하나님의 뜻을 명료하게 체험하게 하기 때문입니다. 특별히 코로나19로 일어난 재난 상황 속에서 성도들의 흔들리는 삶의 현실을 깊이 공감하는 현장 목회자가 말씀을 통해 다시 세워 주시는 은혜를 확인하고, 함께 나누는 내용은 성도들이 삶을 다시 세우는 데 큰 도움이 될 것입니다. 황성은 목사님의 말씀 성찰은 이전의 일상을 빼앗긴 시간 동안 나와 공동체를 돌아보라는 하나님의 음성을 듣도록 우리를 인도합니다. 자신에게만 향하던 자기중심적인 시선이 더불어 사는 이웃에게로 향하는 '회개와 성화의 과정'을 경험하게 될 것입니다.

임성빈 장로회신학대학교 총장

현재 한국 교회와 한국 사회는 코로나19로 많은 어려움을 겪고 있습니다. 지금까지 우리가 쌓은 모든 것이 무너져 내리는 큰 위기를 경험하고 있습니다. 그러나 하나님의 백성들은 믿음 안에서 이 위기를 하나님의 기회로 바라봅니다. 여기 모든 것이 무너져 내린 위기 상황에서 나라와 민족을 다시 일으켜 세운 하나님의 사람에 관한 이야기가 있습니다. 바로 느헤미야의 이야기입니다. 느헤미야는 그 이름 그대로 어두움과 절망 가운데 있었던 이스라엘 백성들에게 "하나님의 위로"가 되었던 사람입니다. 황성은 목사님의 느헤미야서 강해는 느헤미야의 섬김과 사역을 묵상하면서 코로나19로 큰 위기를 당해 무너져 내리고 있는 한국 교회와 우리 민족을 다시 세우시는 은혜를 제시하는 귀한 말씀으로 엮여 있습니다. 이 책이 시의적절한 때에 출간되어 한국 교회와 성도들에게 큰 축복이라고 생각합니다. 이 책을 읽는 모든 사람이 말씀에 응답하여 다시 세우시는 은혜를 경험하기를 간절히 바랍니다.

주승중 주안교회 위임목사

이 책을 읽으면 마치 영화를 보듯 성벽 재건을 위한 느헤미야의 이야기가 입체적으로 보입니다. 저자는 느헤미야서의 사건들을 심층적으로 조명하여 친절한 논리로 전달합니다. 그래서 이 책을 읽으면 느헤미야서의 이해의 폭과 깊이가 확장되고, 나아가 오늘 살아 있는 느헤미야와 함께 그 현장에 머물도록 안내합니다. 그리고 어느 순간 그 자리에 있던 느헤미야는 희미해지고 하나님이 보이고 내가 보이기 시작합니다. 이 시대를 살고 있는 내게 말씀하시는 하나님의 음성이 또렷하게 들립니다. 나를 일으켜 세우시는 하나님의 은혜의 복음입니다. 느헤미야서를 복음서로 들려주는 이 책을 기쁘게 추천합니다.

최정도 파주주사랑교회 담임목사

묻고 생각합시다

2020년, 주님을 닮기 원하는 마음으로 주님이 걸어가신 십자가의 길을 생각합니다. 삶의 자리에서 주님 앞에 무릎을 꿇습니다. 세상이 혼란하고, 전염병의 두려움이 우리에게 엄습해 오지만, 주님을 의지하여 하루를 시작할 수 있게 해 주심에 감사합시다. 사회적 거리 두기, 생활 속 거리 두기로 예전처럼 모이지는 못하지만, 삶의 자리에서 예배드릴 때 주님이 말씀을 사모하는 마음을 주시며, 성전을 향하는 마음을 주십니다. 이 은혜를 생각할수록 감사가 넘칩니다.

코로나19 사태로 텅 빈 예배당을 바라보면서 마음이 아팠습니다. 그러나 주님은 그 일을 통해 하루아침에 예배당의 교인들이 없어질 수도 있다는 사실을 깨닫게 해 주셨습니다. 우리가 숫자와 크기를 자랑으로 여겼다면 모든 것이 거품임을 깨달아야 합니다. 우리의 자랑이 교회당의 크기와 같은 천박한 과시가 되지 않기를, 우리의 간구가 누군가와의 경쟁에서 승리하는 욕심이 되지 않기를 바랍니다. 오직 예수 그리스도만이 우리 자랑이요, 기쁨이 되기를 원합니다.

이 시대의 아픔 속에서 우리 민낯을 발견했습니다. 삶의 토대가 흔들리고 일상이 위태로워지니 예의라는 가면과 질서라는 포장이 벗겨지고, 무례함과 무질서가 낱낱이 드러나는 것을 보았습니다. 코로나19 바이러스가 확산될 기미가 보이자 오히려 마스크 공급을 줄이고 값을 올린 업체가 있는가 하면, 700원짜리 마스크 300만 장을 재빨리 사들여 4,000원에 팔아넘김으로써 폭리를 취한 사람도 있었습니다. 이웃의 고통을 떼돈 벌 기회로 삼았던 것입니다.

마스크 없이는 하루도 살 수 없는 세상이 되었습니다. 마스크로 입을 막다 보니 그동안 무책임한 말을 많이 내뱉고 살아온 우리 모습을 돌아보게 됩니다. 우리 입에서 나온 말이 칼이 되어 나와 내 가족을 찌르는 흉기가 될 수 있음을 깨닫습니다. 어쩌면 거짓 뉴스를 아무렇지도 않게 전달하던 우리에게 침묵하라고 주님이 입에 재갈을 물리시는 것은 아닌가 생각합니다. 참인지 거짓인지 가려보지도 않고, SNS를 통해 돌을 던진 무책임한 행동을 회개합니다.

주님이 우리의 입술로 지은 죄를 용서해 주시고, 좀 더 적게 말하고, 침묵하고, 오직 진실만을 말하도록 붙잡아 주시기를 원합니다. 우리의 무뎌진 양심을 기경해 주시고, 우리 안에 선한 계획을 다시 세워 주시기를 원합니다. 성령의 도우심으로 내면의 좋지 않은 계획과 생각이 사라지기를 원합니다. 날마다 주님께 영광을 올려 드리기를 원합니다.

텅 빈 예배당을 보며 우리 삶의 예배당을 어떻게 채울까를 고민하게 되었습니다. 예수님의 사랑을 내 삶의 예배당에서 어떻게 전할까를 생각하게 되었습니다. 인간의 탐욕과 죄악으로 생긴 고난을 겪으니 절로 회개하게 됩니다. 또 다른 죄악을 저지르는 우리의 연약함과 악함을 돌아보게 됩니다. 악한 길에서 떠나 스스로 낮추어 하나님의 얼굴을 구해야 합니다. 고통 속에 하나님의 선하신 뜻이 있습니다.

사실 2020년의 사순절을 준비할 때만 해도, 코로나19로 인한 팬데믹(Pandemic)은 생각조차 못했습니다. 그러나 이 재난 속에서 온라인 영상으로 새벽을 열며 사순절 말씀을 전할 때, 느헤미야서는 이런 상황을 위한 말씀으로 살아나 전하는 저에게도 큰 감격과 은혜로 다가왔습니다. 텅 빈 예배당을 보며 허공에 울리는 듯한 소리로 전했던 이번 사순절은 십자가를 깊이 묵상하게 된 최고의 사순절이었습니다.

온라인 새벽기도회에 귀 기울이는 성도들을 생각하며

설교만큼이나 간절하게 기도문을 적다가 소망교회 김경진 목사님의 기도문을 정리한 책자(소망아침)와 한소망교회 류영모 목사님의 느헤미야 강해서(다시는 무너지지 말자)에서 기도와 말씀의 영감을 얻을 수 있었음에 깊이 감사합니다.

'격리, 단절, 전염병, 죽음' 같은 단어들만 가득한 시간 속에서 하나님이 저와 모든 교회에게 무엇을 원하시는지를 간절히 구했습니다. 교회의 모든 것이 무너진 것 같은 절망의 상황에서, 다시는 무너짐의 수치를 당하지 말자고 다짐했습니다. 이 책을 통해 우리가 그 다짐을 되새기고, 특별히 이때 하나님이 왜 우리를 지금의 자리로 보내셨는지, 하나님의 부르심은 무엇인지 생각해 보면 좋겠습니다.

우리는 어려운 시기를 함께 지나고 있습니다. 이럴 때일수록 우리를 향한 하나님의 질문에 귀를 기울여야 합니다. 질문 속에 문제의 해결책이 있고, 새로운 삶을 위한 메시지가 있습니다. 하나님이 이웃과 세상을 향해 전하시려는 메시지의 통로가 될 수 있도록, 기도의 자리로 나아갑시다.

2020년 교회를 기대하며 사랑하는 마음으로

황성은

1장

하나님을
붙잡는 기도

1

오늘 그 자리에 있는 이유는
무엇입니까?

＊

하늘의 하나님 여호와 크고 두려우신 하나님이여
주를 사랑하고 주의 계명을 지키는 자에게 언약을
지키시며 긍휼을 베푸시는 주여 간구하나이다

느헤미야 1:1-5

느헤미야서는 이렇게 시작합니다. "하가랴의 아들 느헤미야의 말이라 아닥사스다왕 제이십년 기슬르월에 내가 수산궁에 있는데"(느 1:1). 성경학자들은 느헤미야를 요즘 시대로 보면 교포 3세 정도 된다고 말합니다. 할아버지가 바벨론에 포로로 끌려간 이후 그 땅에서 아버지 하가랴가 태어났고, 대를 이어 느헤미야가 태어났기 때문입니다.

생각해 보십시오. 일반적으로 교포 3세 정도면 고국과 거의 무관해지지 않겠습니까? 흔히 교포 3세라 하면 그 나라 사람들보다 고국을 조금 더 아는 정도일 뿐, 모국어를 구사하지 못하고 정체성의 혼란을 겪는 경우도 많습니다.

느헤미야는 어떤 사람인가

느헤미야가 어떤 사람인지 더 자세히 살펴봅시다. 느헤미야는 교포 3세인 데다가 출세까지 했습니다. 그는 자신이 수산궁에 있었다고 말합니다. 수산궁은 고대 엘람 왕국의 수도로서 페르시아 제국의 네 수도 중 하나입니다. 포로로 끌려온 민족의 후손이 관리가 되어 왕궁에 들어갈 정도면, 얼마나 많은 노력을 했겠습니까? 얼마나 애를 썼겠습니까?

미국에서 이민 생활하는 분들을 보면 알 수 있습니다. 한국 사람은 세계 어디에 가든 자녀 교육에 열심을 내는 것으로 유명합니다. 자녀를 잘 키우려고 새벽부터 밤늦게까지 열심히 일합니다. 자녀 스스로도 좋은 대학에 들어가고, 좋은 직장에 다니기 위해서 얼마나 노력하는지 모릅니다. 아마 느헤미야도 그랬을 것입니다. 급기야 그는 "왕의 술 관원"(느 1:11)이 되었습니다. 당시 왕의 술 관원이 된다는 것은 엄청난 권력을 가진 자리에 올라섰다는 뜻입니다.

창세기에서 요셉이 애굽에 팔려 가 보디발의 집에서 누명을 쓰고 감옥에 들어갔을 때의 이야기를 떠올려 보십시오. 그곳에서 요셉은 "술 맡은 관원장과 떡 굽는 관원장"(창 40:2)을 만나지 않았습니까? 훗날 바로가 기이한 꿈을 꾸고 번민할 때, 술 맡은 관원장이 감옥에서 만났던 요셉을 기억했고, 요셉에게 바로의 꿈을 해석하게 함으로써 그가 애굽의 총리가 되는 길을 열어 주었습니다.

학자들에 따르면, 고대 근동에서 술 관원이란 지금으로 말하자면 청와대 비서실장과 경호실장을 겸하는 권력의 실세였다고 합니다. 고대 사회에서는 술이나 음료에 독을 타서 왕을 살해하는 일이 종종 벌어졌습니다. 술 관원은 왕의 식탁에 올리는 술을 담당하는 관리로 왕이 각별히 신임하는 사람만이 오를 수 있는 자리였습니다. 그만큼 단순한 시중 역할을 넘어 국정에 깊숙이 개입할 수 있을 만한 고위직이었습니다.

그러므로 느헤미야는 바사 왕의 술 관원이 될 정도로 완벽한 바사 사람이었을 것입니다. 스스로 바사 사람으로 여길 만큼 바사 문화에 완전히 정착했을 것입니다. 그런 느헤미야에게 어느 날 형제 가운데 하나인 하나니가 유다에서 사람들을 데리고 찾아와 포로로 잡혀 오지 않고 고국에 남아 있는 사람들과 예루살렘의 형편이 얼마나 참담한지를 들려줍니다.

이스라엘이 패망한 이후 고레스왕 시절에 스룹바벨이 포로들을 이끌고 1차 귀환하여 성전을 재건하고, 10여 년 전에 아닥사스다왕의 허락으로 에스라가 사람들을 이끌고 2차 귀환하여 신앙 개혁 운동을 펼쳤지만, 아직까지 무너진 성벽을 세우지 못해 노략질을 당하고, 큰 환난과 능욕에 시달리고 있다는 소식이었습니다. 그는 이 말을 "듣고 앉아서 울고 수일 동안 슬퍼하며 하늘의 하나님 앞에 금식하며 기도"(느 1:4)했습니다. 이 기도는 앞으로 느헤미야가 하게 될 사역의 초석이 되었습니다.

B.C. 601년에 바벨론의 느부갓네살왕이 남유다를 침략하여 예루살렘을 함락시키고, B.C. 597년에 유대인들을 바벨론에 포로로 데려갔습니다. B.C. 538년까지 두 차례에 걸쳐 유다 백성들이 포로가 되어 바벨론으로 끌려간 사건을 가리켜 바빌론 유수(Babylonian Captivity)라고 합니다.

이후 3차에 걸쳐 예루살렘으로 귀환하게 되는데, 1차로 귀환한 백성들은 무너진 예루살렘 성전을 재건하는 일을 했습니다. 재건된 성전은 당시 그들을 이끌었던 지도자 스룹바벨의 이름을 붙여 '스룹바벨 성전'이라고 불렸습니다. 2차 귀환은 학자 에스라를 중심으로 이루어졌는데, 에스라는 말씀에 대한 각성과 신앙의 회복을 백성들에게 요구했습니다. 내면의 성전을 재건하는 시기였습니다. 그 후 3차 귀환을 이끈 사람이 바로 느헤미야입니다. 성전을 보호하는 예루살렘 성벽을 재건하는 것이 그의 사명이었습니다.

중세 시대까지만 해도 도시의 안전은 그 도시를 둘러싼 성벽으로 담보되었습니다. 중세 이후에 화약을 쓰는 대포가 전쟁에 등장하면서부터 성벽을 쌓는 의미가 없어지지만, 고대 사회에서 성벽은 곧 도시의 안전을 의미했습니다. 더구나 거룩한 하나님의 전이 있는 예루살렘에 성벽이 없다는 것은 단순히 안전의 문제만이 아니라 유대인들로 서는 받아들일 수 없는 일이었습니다. 느헤미야는 성벽을 재건하여 예루살렘을 온전한 도시로 만들고자 했습니다.

예루살렘의 참담한 사정을 들은 느헤미야는 마치 하나님이 그에게 이렇게 물으시는 것처럼 느꼈을 것입니다. "네가 바사의 왕궁에 있는 이유를 아느냐?" 이런 하나님의 질문은 일종의 부르심, 곧 '소명'이라고 할 수 있습니다.

성경의 위대한 사람들은 자신의 자리에서 하나님의 부르심에 응답했습니다. 외경 에스드라서에 따르면, 1차 포로 귀환 때 제2 성전 건축을 지휘했던 스룹바벨은 젊은 시절에 다리오왕의 법정에서 탁월하게 변론한 것이 계기가 되어 왕의 총애를 받았습니다. 유대 역사가 요세푸스(Flavius Josephus)는 다리오왕이 예루살렘으로 돌아가는 유대인들에게 큰 재물을 받아올 것을 기대하고, 자신과 막역한 사이인 스룹바벨을 보냈다고 말합니다. 덕분에 스룹바벨은 예루살렘 성전 재건에 앞장설 수 있었습니다. 그는 부귀영화를 누리고 있었지만, 하나님이 왜 자신을 다리오왕과 막역한 사이가 되게 하셨을까를 고민했기에 예루살렘으로 떠날 수 있었을 것입니다.

하나님의 부르심에 고민했던 또 한 사람이 있습니다. 모르드개가 에스더에게 "네가 왕후의 자리를 얻은 것이 이때를 위함이 아닌지 누가 알겠느냐"(에 4:14)라고 묻습니다. 에스더는 바벨론 포로 귀환 후에도 본토로 돌아가지 않고, 바사에 머물렀던 베냐민 사람 아비하일의 딸로 용모가 출중했습니다. 일찍 부모를 여의고, 사촌 모르드개의 도움으로 바사의 수산에 살다가 왕후 와스디 대신에 아하수에로왕의 아내가 되었지만, 모르드개의 말을 듣고 자신이 유대인인 것을 숨겼습니다(에 2장 참조).

사촌 모르드개는 비록 왕궁의 낮은 관리였지만, 하나님의 거룩한 백성임을 잊지 않았으므로 바사의 고관이 된 하만에게 절하기를 거절했습니다. 그로 인해 하만의 분노를 사게 되었으며, 결국 하만의 계략으로 유대 민족 전체가 멸망할 위기에 처하게 되었습니다(에 3장 참조). 에스더 4장 14절의 질문은 이때 모르드개가 에스더에게 물은 것입니다.

에스더는 유대 백성들과 함께 사흘간 금식하며 기도한 후에 "죽으면 죽으리이다"(에 4:16) 하는 심정으로 동족을 구하기 위해 왕 앞에 나아갔습니다. 그 결과 상황이 역전되어 유대 백성들이 살았고, 하만은 처형되었습니다(에 7-8장 참조). 이것이 부림절의 유래입니다. 부림절은 유대 민족이 하만의 꾀로 절멸될 위기에서 벗어난 것을 기념하는 축제입니다. 에스더가 모르드개를 통해 주신 하나님의 부르심에 응답한 결과입니다.

오늘 하나님은 우리에게도 물으십니다. "지금 네가 그 자리에 있는 이유가 무엇이냐?" 하나님이 왜 나를 이곳에 보내셨는지 생각해 보십시오. 우리는 이 부르심에 답해야 합니다. 느헤미야가 우리에게 주는 첫 번째 주제는 소명입니다.

히포크라테스 선서와 주기도문

이 시대에 소명에 응답한 사람들을 돌아봅시다. 코로나 바이러스에 맞서 싸운 중앙재난안전대책본부와 의료진을 생각해 보십시오. 사태가 벌어졌을 때, 의료인들 중에서는 그동안 먹고사느라 잠시 잊었던 히포크라테스 선서(Oath of Hippocrates)를 기억했을지도 모릅니다.

히포크라테스(Hippocrates)는 '의학의 아버지' 혹은 '의성'으로도 불리는 고대 그리스의 의사입니다. 히포크라테스 선서는 히포크라테스가 말한 의료인의 윤리 지침으로, 현대에도 의사가 될 때 하는 선서로 잘 알려져 있습니다. "의업에 종사하는 일원으로서 인정받는 이 순간, 나의 생애를 인류 봉사에 바칠 것을 엄숙히 서약하노라"고 시작하는 선서를 통해 의사들은 의사로서의 소명을 되새기고 생명을 존중하며 부르심의 자리에 서게 됩니다.

이 선서는 주님이 우리에게 가르쳐 주신 기도와도 연결되어 있습니다. "하늘에 계신 우리 아버지여 이름이 거룩히 여김을 받으시오며 나라가 임하시오며 뜻이 하늘에서 이루어진 것같이 땅에서도 이루어지이다 오늘 우리에게 일용할 양식을 주시옵고 우리가 우리에게 죄지은 자를 사하여 준 것같이 우리 죄를 사하여 주시옵고 우리를 시험에 들게 하지 마시옵고 다만 악에서 구하시옵소서(나라와 권세와 영광이 아버지께 영원히 있사옵나이다 아멘)"(마 6:9-13).

우리가 날마다 이 기도를 드리는 이유는 무엇일까요? 이 기도가 온 인류에 이루어지기를 바라기 때문입니다. 예를 들어 "일용할 양식"의 문제가 없는 그날까지 우리는 계속해서 기도해야 합니다. 일용할 양식은 너, 나 할 것 없이 우리 모두에게 필요한 것이기 때문입니다.

저도 자신에게 똑같은 질문을 던져 봅니다. 바로 이때,

제가 지금 이 자리에 있는 이유가 무엇인가를 생각합니다. 그러면서 하나님이 이 땅을 향해 원하시는 것이 무엇이고, 그리스도인들에게 바라시는 것이 무엇이며, 목사인 제게 바라시는 것이 무엇인지를 깊이 묵상합니다. 그러한 묵상 끝에 "사랑으로 두려움을 이기자. 내 것을 챙기기보다는 힘들어도 서로 나누자"는 메시지를 선포하며 마스크를 나누는 일을 성도들과 함께 할 수 있었습니다.

힘들고 어려울 일이 생길 때, 상황에 압도당하지 마십시오. 하나님이 우리를 이곳에 두신 이유를 생각해 보십시오. 각자 삶의 자리에서 하나님이 왜 나를 이곳에 있게 하셨는지, 나 같은 사람을 왜 구원해 주시고, 지금까지 지켜 주시며 살게 하시는지를 묵상하며 기도해야 할 때입니다.

단단한 삶의 자리를 위한 질문

● 하나님이 왜 당신을 지금의 자리에 보내셨다고 생각합니까?

● 하나님이 지금의 자리로 부르셨다면, 당신에게 어떤 변화가 필요합니까?

2

자리가 아니라
목적을 위해서

*
이제 종이 주의 종들인 이스라엘 자손을 위하여 주
야로 기도하오며 우리 이스라엘 자손이 주께 범죄
한 죄들을 자복하오니 주는 귀를 기울이시며 눈을
여시사 종의 기도를 들으시옵소서

느헤미야 1:6-11

느헤미야의 기도는 짧지만, 그 구성이 완벽합니다. 기도는 이렇게 하는 것이라고 가르칠 만한 기도의 요소가 완벽하게 갖추어져 있습니다.

느헤미야는 가장 먼저 하나님을 부릅니다. "이르되 하늘의 하나님 여호와 크고 두려우신 하나님이여"(느 1:5상). 우리도 기도의 시작에 하나님을 부릅니다. 그런데 느헤미야의 기도는 마치 찬송가처럼 느껴집니다. 하나님은 어떤 분이십니까? 느헤미야는 "하나님은 주를 사랑하고, 주의 계명을 지키는 자에게 언약을 지켜 주시고, 긍휼을 베풀어 주시는 분"이라고 노래하듯 고백합니다. 기도할 때는 먼저 하나님을 찬양해야 한다고 가르치는데, 느헤미야의 기도에서 바로 그런 자세를 배울 수 있습니다.

그러고 나서 죄를 고백합니다. "우리 이스라엘 자손이 주께 범죄한 죄들을 자복하오니"(느 1:6). "주를 향하여 크게 악을 행하여 주께서 주의 종 모세에게 명령하신 계명과 율례와 규례를 지키지 아니하였나이다"(느 1:7). 기도할 때마다 죄를 고백해야 한다고 하는데, 느헤미야가 정확히 그렇게 기도하고 있습니다.

기도의 모범을 보여 주다

느헤미야의 기도에서 주목해야 할 것이 하나 있는데, 그는 자기 죄가 아닌 선조들의 죄를 자신의 죄, 곧 우리 죄로 고백한다는 것입니다. 사실, 유대 민족이 바사 땅에 포로로 끌려온 것은 느헤미야의 죄가 아닙니다. 그는 교포 3세이므로 오히려 역사의 피해자라고 할 수 있습니다. 할아버지 대의 잘못으로 타국에 끌려와 살아가고 있으니 말입니다.

이것은 신약에 나오는 바리새인의 기도와 다른 점이라고 할 수 있습니다. 바리새인은 민족의 죄를 자기 죄와 구별했습니다. 이웃의 죄는 경멸과 비난을 받아 마땅한 손가락질의 대상일 뿐이었고, 이웃을 긍휼히 여기지 않았습니다. 죄를 향하여 손가락질하기는 쉽습니다. 그러나 이웃의 죄를 자기 죄로 여기고, 죄를 스스로 짊어지고 가슴 아파하며 하나님께 나아가기는 심히 어렵습니다. 이웃의 죄, 나아가 민족의 죄를 자기 죄로 여기고 가슴 아파하는 것은 기도의 지경이 넓어졌다는 증거입니다.

그런데 이러한 죄 인식은 어떻게 가능할까요? 하나님을 이해할 때, 인간은 죄인으로서의 자기 자신을 정확히, 다르게 표현하면 자동적으로 인식하게 됩니다. 성경을 보면,

하나님을 만난 사람들은 공통으로 고백합니다. "죽게 되었다"는 것입니다. 이사야는 보좌에 앉으신 하나님을 보고는 자기도 모르게 "화로다 나여 망하게 되었도다"(사 6:5)라고 고백하기도 했습니다. 하나님을 만나면, 하나님의 공의, 하나님의 순결, 하나님의 놀라운 영광 앞에서 자신이 얼마나 큰 죄인인지를 깨닫기 마련입니다. 그리하여 "이제 나는 죽게 되었다"는 고백을 하게 됩니다. 즉 하나님을 이해하면, 자기 죄를 자백하게 된다는 것입니다.

도대체 느헤미야는 어떻게 그런 기도를 할 수 있었을까요? 바빌론 유수 기간에 유대 민족은 회당을 운영했지만, 느헤미야는 온종일 왕궁에서 일하는 사람인 데다가 교포 3세였습니다. 과연 말씀을 훈련할 시간이 있었을까요? 여기서 우리는 중요한 교훈을 찾을 수 있습니다. 정확히는 알 수 없지만, 느헤미야는 어릴 때부터 가정에서 부모에게 말씀을 배우고, 기도 훈련을 받았으리라고 추측해 볼 수 있습니다. 그것 외에는 다른 이유를 찾을 수가 없습니다. 그러므로 자녀가 느헤미야처럼 위대한 믿음의 사람이 되기를 원한다면, 먼저 부모 자신이 느헤미야의 부모처럼 되어야 합니다.

느헤미야는 하나님을 "주를 사랑하고 주의 계명을 지키는 자에게 언약을 지키시며 긍휼을 베푸시는 주"(느 1:5)로 고백합니다. 굳이 '주의 계명을 지키는 자에게 언약을 지키시는 하나님'께 기도한 이유는 사실 "내가 하나님의 계명을 지키지 못했으니 죄를 자백합니다"(느 1:6-7 참조)라고 말하기 위해서입니다.

그러고 나서 8-10절까지 간구로 이어집니다. 모세는 "너희가 만일 내가 오늘 너희에게 명하는 너희의 하나님 여호와의 명령을 들으면 복이 될 것이요 너희가 만일 내가 오늘 너희에게 명령하는 도에서 돌이켜 떠나 너희의 하나님 여호와의 명령을 듣지 아니하고 본래 알지 못하던 다른 신들을 따르면 저주를 받으리라"(신 11:27-28)라고 선포한 바 있습니다. 느헤미야는 이 약속의 말씀을 붙잡고, 이것을 근거로 하나님께 간구합니다.

요즘 사람들은 카카오톡 같은 메신저를 주로 사용하는데, 이전의 대화 내용을 저장해 두었다가 그것을 근거로 약속 이행을 요구하는 경우가 있습니다. 사람도 그렇게 근거를 제시하면 할 말을 잃는데, 하나님의 말씀으로 하나님께 기도한다면 어떻겠습니까? "만일 내게로 돌아와 내 계명을 지켜 행하면 너희 쫓긴 자가 하늘 끝에 있을지라도 내가 거기서부터 그들을 모아 내 이름을 두려고 택한 곳에 돌아오게 하리라 하신 말씀을 이제 청하건대 기억하옵소서"(느 1:9).

우리가 하나님께 간구할 것은 약속하신 것을 기억해 달라는 것뿐입니다. 우리가 큐티를 해야 하는 이유가 여기에 있습니다. 큐티는 하나님의 말씀을 깊이 파고들어 하나님과 교제하고, 그 말씀에서 힘을 얻고, 그 말씀을 근거로 하나님께 나아가는 시간입니다. 말씀을 근거로 기도하려면 먼저 말씀을 묵상해야 합니다.

어떤 사람이 내게 백억 원을 줄 테니 마음대로 쓰라고 말했다고 가정해 봅시다. 얼마나 기막힌 약속입니까? 그런데 그 약속을 누가 했느냐에 따라 실없는 농담이 될 수도 있고, 일생일대의 행운이 될 수도 있습니다. 돈이 없는 사람이 그런 말을 했다면, 믿을 사람이 없을 것입니다. 그런데 부유한 사람이 그와 같은 말을 했다면, 조금은 진지해질 것입니다. 이처럼 약속의 내용은 약속한 사람에 따라서 금이 될 수도 있고, 배설물이 될 수도 있습니다. 그런데 하나님이 하신 약속이라니요! 하나님의 약속을 근거로 기도하는데, 그 기도에 능력이 없을 수 있겠습니까?

느헤미야가 하나님을 찬양하고 나서 기도의 지경을 넓혀 민족의 죄를 자기 죄로 고백하고, 하나님의 말씀을 근거로 간구합니다. 그렇게 기도했더니 하나님이 하나님의 시간을 움직이셔서 즉각 응답해 주십니다. "그때에 내가 왕의 술 관원이 되었느니라"(느 1:11하).

이 문장의 핵심은 "그때에"입니다. 기도했더니 "그때에" 응답해 주셨다는 것입니다. "그때"란 시기상으로 가장 적절한 때, 어떤 의미에서는 자신이 생각하던 때와는 다를 수 있지만 가장 정확한 "하나님의 때"를 가리킵니다. 우리 인생에 반드시 필요한 때입니다. 살면서 하나님이 허락하신 "그때"를 체험할 수 있다는 것은 놀라운 은혜입니다.

소명으로 나아가는 시간, 4개월

느헤미야의 기도에서 발견하는 또 한 가지 중요한 교훈은 그가 "술 관원"이라는 자리를 위해 기도한 적은 없다는 사실입니다. 누구에게나 꿈이 있고, 욕망의 대상이 있습니다. 취직한 사람은, '열심히 일해서 승진해야지'라는 꿈을 꿀 수 있습니다. 경찰이라면, '경찰서장이 될 때까지 최선을 다하자'고 다짐할 수 있고, 군인이라면, '이왕 군인이 되었으니 별 세 개 정도는 달아야지' 하고 생각할 수 있습니다.

　어쩌면 느헤미야는 포로로 잡혀 온 신세이지만, 수산궁에서 일하면서 술 관원의 자리를 꿈꿔 봤을지도 모릅니다. 그러나 그의 기도 어디에도 술 관원이 되게 해 달라는 내용은 없습니다. 이것이 왜 중요한가 하면, 우리는 그런 기도를 수없이 드리기 때문입니다. "하나님, 승진하게 해 주십시오", "하나님, 우리 아이가 좋은 대학에 갈 수 있게 도와주십시오"라는 간구는 모두 "술 맡은 관원장"이 되게 해 달라는 기도인 셈입니다.

　물론 이것은 우리의 연약함과 간절함을 보여 주는 기도이기에 나쁘다고 할 수만은 없습니다. 문제는 술 관원이 되면, 이렇게 하겠다고 내거는 조건입니다. 조건을 제시하는 기도가 과연 하나님이 받으시기에 합당한 기도인가 하는 것입니다.

　그리고 그런 조건을 걸고 기도하고 나서 하나님이 응답해 주시면 자신이 말한 조건대로 지키는 사람이 과연 얼마나 될까요? 우리는 "승진시켜 주시면, 이렇게 하겠습니다", "대학에 들어가게 해 주시면, 이렇게 하겠습니다"라고 쓰인 공수표를 얼마나 남발해 왔습니까? 그렇게 기도해서 자녀들이 대학에 들어간 후에 온전하고 바르게 믿음 생활하며 살아가는 아이가 얼마나 되겠습니까?

느헤미야는 오로지 하나님이 원하시는 것을 위해 기도했습니다. 하나님이 원하시는 대로 하나님의 약속을 붙잡고, 하나님의 이름을 두려고 택하신 그곳으로 유대 백성들이 돌아오게 해 달라고 기도했더니, 하나님은 "그때에" 그 일을 할 수 있게 적절한 자리로 가는 은혜를 베풀어 주셨습니다.

하지만 "술 관원"은 느헤미야에게 오히려 함정이 될 수도 있는 자리였습니다. 생각해 보십시오. 포로로 붙잡혀 온 민족의 후손이자 교포 3세로서 쉽게 오르지 못할 자리에 앉았습니다. 그런데 과연 그 자리를 포기하고, 예루살렘으로 돌아갈 수 있을까요? 모든 것이 갖춰진 곳에서 안정된 생활을 하며 부유하게 살 수 있는데, 성벽도 갖춰지지 않은 황폐한 예루살렘으로 돌아갈 수 있겠습니까? 게다가 한 번도 가 본 적이 없는 할아버지의 고향일 뿐인데 말입니다.

제가 미국에서 목회하다가 한국으로 돌아올 때, 그런 경험을 했습니다. 미국에서 친하게 지내던 목사님들이 저를 보면서 두 가지 마음이 든다고 했습니다. 고향으로 돌아가고 싶은 마음과 고향으로 돌아가면 자녀들은 어떻게 사나 걱정하는 마음입니다. 아무래도 어릴 때부터 살아온 고향이 얼마나 편안하고 그립겠습니까? 그러나 막상 귀국하고 나면, 우리말이 서툴고 한국 문화도 제대로 모르는 자녀들이 과연 한국에서 잘 적응하며 살 수 있을지 걱정이 앞섭니다. 미국에 익숙해진 교육과 여러 가지 혜택을 포기하고 고향으로 돌아오기에는 엄두가 나지 않는 것입니다. 결국 한국으로 돌아올 마음을 접게 된다고 합니다.

느헤미야는 자녀 교육을 걱정하지 않았을까요? 주변의 지인들은 그가 예루살렘으로 돌아가는 것을 지지해 주었을까요? 바사 땅에도 유대인이 많은데, 당신이 이곳에서 우리 동족을 보호해 주어야 하지 않겠느냐고 말하지 않았겠습니까? 혹은 아닥사스다왕의 마음이 흔들리지 않게 지켜 주라고 하나님이 술 관원으로 세워 주신 것이 아니냐고 충고하는 사람은 없었겠습니까? 느헤미야가 예루살렘으로 떠난 뒤에 다른 사람이 술 관원이 되어 예루살렘으로 귀환한 유대 백성들을 음해하는 말을 왕에게 할 수도 있을 테니 말입니다.

그래서 본문의 시간을 주의 깊게 봐야 합니다. 1장 1절에 보면, "기슬르월"에 수산궁에 있었다고 말합니다. 기슬르월이란 11월 중순부터 12월 중순까지입니다. 그때, 느헤미야는 형제인 하나니에게서 고국에 남아 있는 유다 백성과 예루살렘의 소식을 들었고, 며칠 동안 슬피 울며 금식하며 기도하기 시작했습니다. 그리고 나서 2장 1절을 보면, 느헤미야가 "니산월"에 아닥사스다왕에게 유다 땅으로 보내 달라고 청합니다. 니산월은 3월 중순부터 4월 중순까지입니다. 그동안 약 4개월의 시간이 지난 것입니다.

왜 4개월이라는 기간이 필요했을까요? 왜 하나님은 느헤미야를 4개월 동안 기다리게 하셨을까요? 그동안 하나님은 느헤미야에게 계속 이렇게 물으셨던 것입니다. "네가 술 관원이 되고 나서도 변함없이 간절한 마음으로 유다 백성과 예루살렘을 위해 기도할 수 있겠느냐?"

느헤미야가 높은 관직을 포기하고, 예루살렘에 갈 수 있도록 마음의 준비를 할 시간을 주신 것입니다. 4개월 동안 그는 눈물 어린 금식 기도를 통해서 단단해져 갔습니다. 하나님의 일을 하기 위해서 높은 관직을 기꺼이 포기하겠다는 고백에 이르기까지 말입니다. 바로 그때, 그는 "왕의 술 관원"이 되었습니다. 이것이 하나님의 응답이었습니다.

우리는 기도를 바꾸어야 합니다. 하나님의 말씀을 붙잡

고, 자리가 아닌 목적을 위해 기도해야 합니다. 하나님의 뜻을 이룰 수 있도록 인내하며 연단해야 합니다. 그렇게 기도할 때, "그때"라는 시간이 우리에게 임할 것입니다.

자리는 도구일 뿐입니다. 그런데 자리를 위해 기도하기 시작하면, 도구가 목적이 되고 맙니다. 자리는 목적을 위한 수단일 뿐인데, 어느 순간부터 수단을 간구하게 되는 것입니다. 그렇게 기도하다 보면, 목적은 사라지고, 도구일 뿐인 자리는 내려놓지 못하는 상황에 이르게 됩니다.

하나님은 우리가 수단이 아닌 목적을 위해 기도하기를 원하십니다. 그것이 하나님의 마음에 맞는 기도입니다. 그 기도는 하나님의 "그때"가 우리 삶에 이르도록 정결한 통로 역할을 할 것입니다.

단단한 삶의 자리를 위한 질문

- 하나님의 뜻을 깨닫기 위해서는 어떤 기도가 필요합니까?

- 가장 정확한 때에 하나님께 응답된 '그때'의 경험이 있습니까?

3

순간을 놓치지 않고
간구합니다

✳

강 서쪽 총독들에게 내리시는 조서를 내게 주사 그
들이 나를 용납하여 유다에 들어가기까지 통과하
게 하시고 또 왕의 삼림 감독 아삽에게 조서를 내
리사 그가 성전에 속한 영문의 문과 성곽과 내가
들어갈 집을 위하여 들보로 쓸 재목을 내게 주게
하옵소서 하매 내 하나님의 선한 손이 나를 도우시
므로 왕이 허락하고

느헤미야 2:1-10

하나님이 우리에게 허락하시는 "그때"는 우리가 걷는 믿음의 삶 가운데 꼭 필요한 체험의 시간입니다. 이것은 한 번만 임하는 것이 아닙니다. 본문은 또 다른 "그때"에 관해 들려줍니다. "그때에" 술 관원이 되게 하신 하나님이 그 자리를 사용할 "그때"도 주신다는 말입니다.

하나님의 목적을 위해, 하나님의 뜻을 이루기 위해 꾸준히 기도하다 보면, 하나님이 어느 순간 그 뜻을 이룰 기회를 주신다는 사실을 앞서 이야기했습니다. 느헤미야에게 그 기회란 술 관원이 되는 것이었습니다. 술 관원이라는 자리에 앉아서도 한마음으로 기도하다 보면, 어느 날 에스더에게 모르드개가 말했던 것처럼 "이때를 위함이"(에 4:14) 아닌가 할 만한 순간이 찾아옵니다. 목적을 위해 그 자리를 사용할 때가 온다는 뜻입니다.

주도면밀하게 준비하다

느헤미야가 다시 한 번 찾아온 "그때"를 어떻게 사용하는지 보십시오. 먼저 그는 아닥사스다왕에게 그의 계획을 설명합니다. 그가 계획을 설명하는 장면을 보면, 그동안 꽤 주도면밀하게 준비해 왔음을 알 수 있습니다. 그 자리에서 생각나는 대로 말한 것이 아닙니다.

예를 들어, 그는 예루살렘 성벽을 재건하기를 원했습니다. 그러려면 먼저 예루살렘으로 돌아가야 합니다. 그런데 바사의 아닥사스다왕에게 예루살렘이란 어떤 도시일까요? 바사 이전에 바벨론이 멸망시켰던 남유다 왕국의 성읍일 뿐입니다. 그 성읍을 재건하겠다고 말하는데, 어느 왕이 허락하겠습니까?

느헤미야는 예루살렘을 가리켜 "내 조상들의 묘실이 있는 성읍"이라고 말하며, 그곳이 황폐하고 성문이 불탔다고 말합니다(느 2:3). 당시 바사 사람들은 조상의 묘를 중요하게 여겼습니다. 이 사실을 알고 있는 느헤미야가 바사 왕의 마음을 건드린 것입니다. 아주 지혜롭게 말입니다.

그뿐 아닙니다. 느헤미야는 예루살렘으로 가는 동안에 도움을 청할 사람들까지 다 알아 두었습니다. 그래서 그들에게 보여 줄 왕의 조서를 내려 달라고 청합니다. 왕의 삼림 감독 아삽과 강 서쪽에 있는 총독들에게 왕의 조서를 보여 주고, 도움을 받으려는 것입니다.

느헤미야가 지난 4개월 동안 하나님께 매달려 기도한 시간은 인내의 시간만이 아니라 구체적인 계획을 세우고 준비하는 시간이었음을 알 수 있습니다. 그는 눈물을 흘리며 고난의 시간을 보냈지만, 결국 그것은 미래의 그림을 바꾸는 데 필요한 시간이었습니다.

그런 의미에서 우리도 코로나19 사태로 힘들고 외로운 시간을 보내고 있지만, 이 시간도 지나면 장차 이렇게 고백하게 될 것입니다. "하나님이 그 시간을 이때를 위해 사용하셨다." 지금 우리가 눈물 흘리며 보내는 이 시간도 하나님이 반드시 사용하실 것입니다. 그런 의미로 본다면 지금은 간증거리를 쌓는 시간입니다. 틀림없이 훗날 지금 겪은 일들을 회상하며 은혜를 고백할 것입니다. 그러므로 우리는 모든 순간을 미래를 준비하는 시간으로 활용해야 합니다. 지금 준비한 것들을 하나님이 반드시 그때에 사용하게 하실 것입니다.

때를 놓치지 않다

다시 한 번 찾아온 "그때"에 느헤미야가 보인 두 번째 자세는 아닥사스다왕이 그에게 "네가 무엇을 원하느냐?"라고 물을 때 나타납니다. 왕이 묻자 느헤미야는 곧바로 하늘의 하나님께 묵도합니다.

느헤미야는 우리가 생활 속에서 어떻게 기도해야 하는

지를 보여 줍니다. 하나님이 하나님의 목적을 위해 보내신 자리에서 "그때"를 맞이한 느헤미야는 곧바로 기도에 들어 갔습니다. 한번 생각해 보십시오. 느헤미야는 어떤 기도를, 어떻게 드렸을까요? 왕 앞에 서서 두 손을 모은 채 눈을 감고 기도하지는 않았을 것입니다. 아주 짧은 시간에 마음 속으로 기도했을 것입니다. "하나님, 도와주십시오, 바로 지금입니다" 정도의 기도가 아니었겠습니까?

여기서 "주의 뜻대로 이루소서" 또는 "하나님의 영광만 이 나타나게 하옵소서"와 같은 순간의 기도가 중요합니다. 느헤미야의 기도는 아닥사스다왕이 그에게 "네가 무엇을 원하느냐"라고 묻는 짧은 순간에 드려졌습니다. 그때 상황 은 세상의 모든 권력을 가진 왕이 "네가 원하는 대로 다 해 줄 테니, 무엇이든 말하라"는 분위기였습니다.

만일 그때 느헤미야가 하늘의 하나님께 묵도하지 않았 더라면, 그 순간은 유혹에 넘어가는 시간으로 바뀔 수도 있 었습니다. 마치 그 순간은 광야에서 사탄이 예수님에게 세 차례나 시험하는 질문을 던졌던 순간과도 같습니다.

사탄이 "네가 만일 하나님의 아들이어든 명하여 이 돌들 로 떡덩이가 되게 하라"(마 4:3)고 하자 예수님은 곧바로 "기록되었으되 사람이 떡으로만 살 것이 아니요 하나님의 입으로부터 나오는 모든 말씀으로 살 것이라"(마 4:4)고 대답하셨습니다. 사탄이 예수님을 거룩한 성으로 데려다가 성전 꼭대기에 세우고 "네가 만일 하나님의 아들이어든 뛰어내리라"(마 4:6)고 하자 예수님은 즉시 "또 기록되었으되 주 너의 하나님을 시험하지 말라 하였느니라"(마 4:7)라고 맞받아치셨습니다. 사탄이 예수님을 지극히 높은 산으로 데려가서 천하만국과 그 영광을 보여 주며 "만일 내게 엎드려 경배하면 이 모든 것을 네게 주리라"(마 4:9)고 하자 예수님은 곧 "사탄아 물러가라 기록되었으되 주 너의 하나님께 경배하고 다만 그를 섬기라 하였느니라"(마 4:10)고 꾸짖으셨습니다.

눈앞의 권세자가 "네가 무엇을 원하느냐?"고 물을 때, 하나님께 묵도하지 않으면, 자신도 모르게 사탄에게 절하게 될 수도 있습니다. 유혹에 넘어가는 것은 순간입니다. 인생에서 중요한 순간에 맞닥뜨렸을 때, 그 자리에서 하늘의 하나님께 묵도하며 "하나님, 지금입니다"라고 도움을 청해야 합니다. 중요한 계약서에 서명하기 전에 하늘의 하나님께 기도하는 것을 잊지 마십시오. 중요한 인터뷰의 순간 하늘의 하나님께 묵도하는 것을 잊지 마십시오.

하나님의 선한 손

다시 한 번 찾아온 "그때"를 놓치지 않고, 하늘의 하나님께 묵도하며 그동안 마음속으로 준비해 왔던 것을 왕에게 청하는 데 성공한 느헤미야는 "내 하나님의 선한 손이 나를 도우시므로 왕이 허락"(느 2:8)하셨다고 결론을 내립니다.

느헤미야는 예루살렘으로 돌아가 성벽을 재건하게 된 것이 모두 하나님의 도우심이라고 고백합니다. 하나님이 도우셨다는 말은 곧 "하나님의 은혜 입니다"라는 고백입니다. 이처럼 살아갈수록 우리가 드릴 수 있는 최고의 고백은 "하나님의 은혜"입니다.

코로나19 사태로 성도들이 한자리에 모일 수 없게 되자 온라인으로 각 가정에서 새벽 예배를 드리고 있습니다. 교회가 아니라 집에 있으니 편하게 있고 싶기도 할 것입니다. 그래도 새벽에 일어나 같은 시간에 기도회를 한다는 것은 참으로 하나님의 은혜가 아닙니까? 새벽은 하나님의 은혜를 고백하는 시간입니다.

제가 바라는 것은 인생의 순간순간마다 하나님의 은혜를 고백하며 살다가 마지막에 천국으로 가는 그때에 "모든 것이 하나님의 은혜입니다"라고 고백하는 것입니다. 그렇게

만 할 수 있다면, 인생에서 그만큼 큰 복은 없을 것입니다.

살다가 눈물 흘리는 시간을 맞이할 때가 있습니다. 그때는 간증거리를 쌓고 은혜에 감사하는 축제를 준비하는 시간입니다. 평소에 제대로 준비해 놓지 않으면, 정작 하나님의 시간이 왔을 때 사탄이 유혹할 틈을 찾아낼 것입니다. 모든 것이 하나님의 은혜라는 고백과 함께 매 순간 하나님과 교통하며 기도해야 합니다. 느헤미야처럼 자기 삶의 "그때"를 맞이할 준비를 하십시오. 하나님의 은혜에 감사하며 하나님을 찬양하는 것으로 하루하루 살아가십시오.

단단한 삶의 자리를 위한 질문

- 가정과 직장에서 하나님의 뜻을 위해 필요한 준비는 무엇입니까?

- 삶에서 중요한 순간이 올 때 하나님께 어떤 기도를 드리겠습니까?

4

거룩한 근심이
하나님을 움직입니다

✳

내 하나님께서 예루살렘을 위해 무엇을 할 것인지
내 마음에 주신 것을 내가 아무에게도 말하지 아니
하고 밤에 일어나 몇몇 사람과 함께 나갈 새 내가
탄 짐승 외에는 다른 짐승이 없더라

느헤미야 2:11-20

드디어 느헤미야가 예루살렘에 도착합니다. 수산궁에서 예루살렘까지의 거리가 약 1,300-1,400킬로 정도 되는데, 오는 길에 산림에서 재목을 구하고, 또 여러 총독을 만나면서 짧게는 2개월, 길게는 3개월 정도 걸려서 도착했을 것입니다.

느헤미야는 예루살렘에 도착한 지 "사흘 만에"(느 2:11) 밤에 일어나 몇몇의 부하들만 데리고 성안을 조용히 둘러봅니다. 이 장면을 '근심'이라는 관점에서 살펴볼 수 있습니다.

마음의 거리를 좁히는 근심

느헤미야서 2장에는 세 종류의 근심이 나옵니다. 첫 번째는 느헤미야의 근심입니다. 그는 수심이 가득한 얼굴로 왕 앞에 섰습니다(느 2:1-2 참조). 예루살렘 성의 소식을 듣고 근심한 탓입니다. 민족의 고난을 바라보고, 근심이 생긴 것입니다. 이것은 하나님과의 관계에서 나타난 근심입니다.

코로나19 사태 이후 전 세계는 대공황이 올지도 모른다는 두려움에 빠져 있습니다. 많은 사람이 염려하고 근심합니다. 이때 그리스도인은 무엇을 근심해야 할까요? 우리는 먼저 근심하는 마음으로 우리 민족의 죄악을 돌아봐야 합니다. 그리고 하나님께 이 민족을 다시 회복시켜 달라고 간절히 기도하며 부르짖어야 합니다. 고향 예루살렘의 소식을 듣고 근심하는 가운데 하나님께 눈물로 기도했던 느헤미야의 자세가 우리에게도 필요합니다.

두 번째는 아닥사스다왕의 근심입니다. 성경에는 왕이 근심했다는 표현이 직접적으로 나오지는 않습니다. 그러나 사랑하는 신하 느헤미야의 얼굴에 수심이 가득한 것을 본 왕의 마음이 어땠을지 상상해 볼 수 있습니다. 아닥사스다왕은 아랫사람의 얼굴에서 근심을 읽어 낼 수 있을 정도로 자상하고 따뜻한 면이 있었습니다. 그런 마음이 있었기에 느헤미야의 마음을 헤아릴 수 있었던 것입니다. 이것은 인간관계에서 다른 사람의 마음을 헤아리는 근심입니다. 이 근심은 이웃의 얼굴에서 근심을 볼 수 있는 마음입니다.

요즘에는 사람들의 얼굴에서 근심을 읽어 내기가 어렵습니다. 다들 마스크를 하고 다니니 표정을 볼 수가 없기 때문입니다. 이럴 때일수록 표정을 읽지는 못해도 마음을 바로 읽을 수 있도록 마음의 거리를 좁히는 노력이 필요합니다. 서로 자주 연락하고, 함께 기도한다면 서로에게 위로가 될 뿐만 아니라 이심전심으로 마음이 통하지 않겠습니까?

마음의 거리를 넓히는 근심

세 번째 근심은 "호론 사람 산발랏과 종이었던 암몬 사람 도비야와 아라비아 사람 게셈"의 근심입니다. "호론 사람 산발랏과 종이었던 암몬 사람 도비야가 이스라엘 자손을 흥왕하게 하려는 사람이 왔다 함을 듣고 심히 근심하더라"(느 2:10). "호론 사람 산발랏과 종이었던 암몬 사람 도비야와 아라비아 사람 게셈이 이 말을 듣고 우리를 업신여기고 우리를 비웃어 이르되 너희가 하는 일이 무엇이냐 너희가 왕을 배반하고자 하느냐 하기로"(느 2:19).

학자들은 산발랏은 앗수르에게 멸망한 북왕국 이스라엘의 수도, 사마리아의 총독이었다고 말합니다. 앗수르는 북이스라엘을 멸망시키고, 북이스라엘의 지도층을 비롯하여 많은 백성을 앗수르 제국의 고산에서 메대에 이르는 여러 지역으로 끌고 가 분산시켰고, 그 대신에 앗수르 관리들과 백성들이 사마리아에 들어와 살면서 서로 결혼하게 하는 혼혈 정책을 펼쳤습니다. 그 결과 사마리아 사람들은 순수한 유대 민족으로 인정받지 못하게 되었습니다.

사마리아는 당시에도 많은 사람이 살던 도성이었습니다. 북이스라엘이 멸망한 뒤에 느헤미야가 그곳에 도착한

B.C. 445년경까지 거의 300년간 혼혈 정책이 지속되었으므로 남유다 사람들은 사마리아인들을 유대인으로 받아들이지 않았습니다. 그러나 사마리아인들은 자신을 스스로 이스라엘 민족으로 여겼습니다. 그러한 배경에서 사마리아의 총독인 산발랏은 황폐해진 예루살렘 성을 자신의 영역으로 생각하고 있었던 것입니다.

또한 학자들에 따르면 암몬 사람 도비야는 "종"으로 기록되어 있지만, 이것은 곧 고위 관료를 가리키는 용어이기도 하므로 바사에서 일하다가 암몬을 다스리도록 총독의 역할을 부여 받은 암몬 사람으로 볼 수 있습니다. 혹자는 그가 예루살렘 함락 후 암몬으로 도피한 유다 사람이었다고 보기도 합니다. 도비야가 "여호와는 선하시다"라는 뜻의 유대 이름이기 때문에 충분히 생각해 볼 수 있는 가정입니다.

아라비아 사람 게셈은 무역 상인으로 알려져 있습니다. 몰약과 유향을 아라비아에서 바사(페르시아)로 가져다가 거래하던 사람입니다. 그런데 거기로 가려면 사마리아와 암몬, 즉 산발랏과 도비야가 다스리던 땅을 지나가야만 했습니다.

산발랏과 도비야는 이웃 지역을 다스리고 있었고, 두 지역을 지나야 하는 게셈까지 세 사람은 일종의 '경제 공동체'를 이루고 있었습니다. 그런데 느헤미야라는 또 다른 권력자가 등장하자 세 사람은 자기 밥그릇을 빼앗길지도 모른다는 위협감을 느꼈습니다. 이것이 산발랏과 도비야와 게셈의 근심이었습니다.

하나님이 원하시는 근심

성경은 근심에 관해 두 가지 자세를 이야기합니다. 하나는 "근심하지 말라"는 것입니다. 마태복음 6장에 보면, 예수님이 "공중의 새를 보라 심지도 않고 거두지도 않고 창고에 모아들이지도 아니하되 너희 하늘 아버지께서 기르시나니 너희는 이것들보다 귀하지 아니하냐 너희 중에 누가 염려함으로 그 키를 한 자라도 더할 수 있겠느냐 또 너희가 어찌 의복을 위하여 염려하느냐 들의 백합화가 어떻게 자라는가 생각하여 보라 수고도 아니하고 길쌈도 아니하느니라"(마 6:26-28)라고 말씀하시며 근심하지 말라고 명하십니다. 근심하는 자들은 "믿음이 작은 자들"(마 6:30)이라고 부르십니다. 하나님 아버지께서 공중의 새와 들의 백합화를 먹이고 입히시는데 왜 걱정합니까?

근심에 관한 성경의 두 번째 태도는 "근심할 것이 있다"

는 것입니다. 곧 하나님의 뜻대로 하는 근심이 있다는 뜻입니다. 사도 바울은 고린도에 보내는 편지에서 이렇게 말합니다. "하나님의 뜻대로 하는 근심은 후회할 것이 없는 구원에 이르게 하는 회개를 이루는 것이요 세상 근심은 사망을 이루는 것이니라 보라 하나님의 뜻대로 하게 된 이 근심이 너희로 얼마나 간절하게 하며 얼마나 변증하게 하며 얼마나 분하게 하며 얼마나 두렵게 하며 얼마나 사모하게 하며 얼마나 열심 있게 하며 얼마나 벌하게 하였는가 너희가 그 일에 대하여 일체 너희 자신의 깨끗함을 나타내었느니라"(고후 7:10-11).

바울은 자신이 하나님 뜻대로 근심했고, 고린도 교인들이 그의 편지를 받고, 근심을 통해 회개하고 변화되었으므로 하나님 뜻대로 하는 근심은 좋은 것이라고 말합니다.

느헤미야의 근심이야말로 하나님의 뜻대로 한 근심이었습니다. 그가 얼마나 울며 기도했습니까? 하나님과 예루살렘을 얼마나 사모했고, 철두철미하게 준비하여 아닥사스다왕 앞에서 얼마나 변론을 잘 펼쳤습니까? 하나님의 뜻대로 한 근심이 느헤미야로 하여금 움직이게 한 것입니다.

우리 인생에도 세 종류의 근심이 나타나곤 합니다. 첫

번째는 하나님과의 관계에서 나오는 근심이고, 두 번째는 이웃을 살핌으로써 하게 되는 근심입니다. 세 번째는 자기 욕심을 채우기 위한 근심입니다.

근심하는 마음을 스스로 점검해 보십시오. 해야 할 근심이면 하고, 안 해야 할 근심이면 과감히 버리십시오. 하나님의 뜻대로 하는 근심만이 우리를 변화시키고, 회개하게 하여 우리에게 생명을 줍니다. 근심의 길마저도 주님과 동행해야 합니다.

단단한 삶의 자리를 위한 질문

• 하나님이 원하시는 근심은 어떤 근심입니까?

_____

• 당신의 삶에서 해야 할 근심과 하지 말아야 할 근심은 무엇입니까?

_____

2장

하나님의 일을
위한 선택

5)

그다음 일을 위해
한마음이 중요합니다

....

✳

그때에 대제사장 엘리아십이 그의 형제 제사장들
과 함께 일어나 양문을 건축하여 성별하고 문짝을
달고 또 성벽을 건축하여 함메아 망대에서부터 하
나넬 망대까지 성별하였고

느헤미야 3:1-32

느헤미야가 드디어 본격적으로 성벽을 중수하기 시작합니다. 먼저 성벽의 문부터 고쳐 나가는데, 각 문을 어떤 사람들이 맡아서 세웠는지를 기록하고 있습니다.

3절의 "어문"은 영어로 "Fish Gate"입니다. 갈릴리와 요단강에서 잡은 생선들이 이 문을 통해서 예루살렘으로 들어왔습니다. 어문 근처에 어시장이 있었습니다. 당시 그림이 생생하게 그려지지 않으십니까?

6절의 "옛 문"은 영어로 "Old Gate"입니다. 말 그대로 오래된 문입니다. 오늘날 예루살렘의 '다메섹 문'을 가리킵니다. 그들은 예루살렘의 오랜 역사를 기억하며 옛 문의 문짝을 달았을 것입니다.

7절의 "미스바 사람들"은 여러 곳에 등장하는데, 열심이 있던 사람들임을 알 수 있습니다. 또한 8절의 "금장색"이나 "향품 장사"는 다양한 직업군의 사람들이 성벽 재건에 동참했음을 보여 줍니다. "예루살렘 지방 절반을 다스리는 할로헤스의 아들 살룸"(12절)에게는 아들이 없으므로 딸들이 중수에 동참했습니다. 이로써 성벽 재건 사역에는 남녀노소, 빈부귀천에 상관없이 모두가 함께했음을 알 수 있습니다.

동기에 상관없이 한마음으로

가장 먼저 영적인 지도자인 "대제사장 엘리아십이 그의 형제 제사장들과 함께 일어나"(느 3:1) 성벽 재건 사역을 시작한 것에 주목해야 합니다. 그들이 중수한 곳은 "양문"(Sheep Gate), 즉 양들이 지나다니는 문이었습니다. 예루살렘 성전에서 가장 가까운 구역에 속한 문으로, 희생 제물로 바쳐질 양들이 그 문을 통해 들어왔고, 그 주변에 양을 사고파는 시장이 형성되어 있었습니다. 위치상 중요한 문이었음을 알 수 있습니다. 그래서 이 문은 대제사장 가문이 맡게 된 것입니다. 양문은 성전과 연결되어 있고, 제물이 드나드는 곳이었기 때문에 "성별", 즉 거룩하게 구별되어야 했습니다.

4절에 "므세사벨의 손자 베레갸의 아들 므술람"이 등장하는데, 30절에도 또 한 번 등장합니다. 그만큼 성벽 재건에 열심을 다했지만, 문제가 있는 사람이었습니다. "도비야는 아라의 아들 스가냐의 사위가 되었고 도비야의 아들 여호하난도 베레갸의 아들 므술람의 딸을 아내로 맞이하였으므로 유다에서 그와 동맹한 자가 많음이라"(느 6:18).

성벽 재건을 방해하던 암몬 사람 도비야와 므술람이 사돈을 맺은 것을 알 수 있습니다. 므술람의 딸과 도비야의 아들이 결혼한 것입니다. 이 사실을 지나쳐서는 안 됩니다. 심각하게 고민해야 할 부분이기 때문입니다. 므술람은 예루살렘 성벽 재건에 열정적으로 참여한 듯이 보이지만, 나중에 보면 그가 양다리를 걸치고 있음을 알게 됩니다.

므술람이 양다리를 걸친 이유가 무엇일까요? 저는 그 이유를 2장에서 찾습니다. "또 그들에게 하나님의 선한 손이 나를 도우신 일과 왕이 내게 이른 말씀을 전하였더니 그들의 말이 일어나 건축하자 하고 모두 힘을 내어 이 선한 일을 하려 하매"(느 2:18).

이것은 느헤미야가 한밤중에 예루살렘을 돌아보고 나서 사람들에게 예루살렘 성벽을 건축하여 다시는 수치를 당하지 말자고 이르면서 마지막에 한 말입니다. 이 말씀의 어느 부분에 마음이 움직입니까? "하나님의 선한 손이 나를 도우신 일"에 감동할 수도 있고, "왕이 내게 이른 말씀"에 마음이 움직일 수도 있을 것입니다.

아마도 므술람은 "왕이 내게 이른 말씀" 때문에 움직였던 것 같습니다. 그렇기에 그는 느헤미야의 마음에도 들어야 하고, 암몬 사람 도비야와의 끈도 유지해야 했을 것입니다. 이렇게 한 공동체 안에서 하나님이 명하신 거룩한 일을 행하는 데도 각자 마음에 품은 내용에 따라 기쁨으로 순종하며 열심히 참여하는 사람이 있는가 하면, 참여하기는 하지만 다른 마음을 품고 있는 사람도 있고, 아예 관심이 없거나 참여하지 않는 사람도 있음을 알 수 있습니다.

하나님을 예배한다고 모인 교회 공동체 안에서도 하나님의 선하신 일과 그 거룩함에 동참하려고 하는 순전한 믿음의 사람들이 있는가 하면, 관계와 이득 때문에 양다리를 걸치는 사람들이나 아무 관심도 없이 그냥 이름만 올려놓는 사람들도 있게 마련입니다.

우리는 어떤 자리에 서 있습니까? 자기 마음속을 들여다보길 바랍니다. 거룩한 교회 공동체에 속해 있다면, "하나님의 선한 손"의 역사에 감동되어 믿음으로 발걸음을 움직여야 하지 않겠습니까? 이 땅에서 주의 일에 참여할 때, 하나님을 신뢰하는 믿음으로, 하나님의 선한 손을 의지하며 거룩한 주의 일에 기쁨으로 동참해야 합니다. 그렇게 함으로써 하나님이 기뻐하시는 사람이 되십시오.

"드고아 사람들이 중수하였으나 그 귀족들은 그들의 주인들의 공사를 분담하지 아니하였으며"(느 3:5). 드고아는 선지자 아모스의 고향입니다. 그런데 그들이 성벽을 중수

할 때는 귀족들이 참여하지 않았다고 기록합니다. 이 이유를 몇 가지로 추측해 볼 수 있습니다. 성벽 재건에 필요한 돈을 내기가 아까웠을 수도 있고, 그 지역의 오랜 권력자인 산발랏과 도비야를 두려워했기 때문일 수도 있습니다. 어쩌면 일반 백성들과 섞여서 일하고 싶지 않은 교만한 마음이 이유였을지도 모릅니다. 아니면 단순히 성벽 재건에 회의적인 의견을 가졌을 수도 있습니다. 혹은 모든 추측을 뒤로하고, 관심이 없었을 수도 있습니다.

거룩한 주의 일을 할 때, 마음을 잘 살펴봐야 합니다. 순전한 기쁨으로 하나님의 일에 동참하려는 것인지, 자기 욕심 때문에 거룩한 주의 일과 세상의 일에 양다리 걸치고 있는 것은 아닌지, 아니면 무관심한 마음으로 아무것도 하지 않는 것은 아닌지 스스로 살펴보기를 바랍니다.

빈부귀천에 상관없이 한마음으로

18절에 우리에게 익숙한 지방 이름이 나오는데, 바로 "그일라"입니다. 사무엘서에 기록된 다윗의 일대기 중에서 사울에게 쫓기던 다윗이 블레셋 지방으로 도망갔다가 거기서 나와 다시 이곳저곳을 도망 다니던 시절에 그일라가 나옵니다. 다윗은 "블레셋 사람이 그일라를 쳐서 그 타작마당을 탈취"(삼상 23:1)했다는 소식을 듣습니다. 그러자 다윗이 하나님께 "내가 가서 이 블레셋 사람들을 치리이까"(삼상 23:2상) 하고 묻습니다. 하나님은 그에게 "블레셋 사람들을 치고 그일라를 구원하라"(삼상 23:2하)고 말씀하십니다.

다윗이 부하들을 데리고 가려는데, 부하들이 두려워합니다. 다윗을 끊임없이 노리고 있는 사울에게 그들의 흔적이 드러날까 걱정도 되고, 또 그 소식을 블레셋 사람들이 알게 되면 자신들을 공격할까 두려웠던 것입니다. 그래서 다윗이 하나님께 다시 여쭙니다. 그러자 하나님은 여전히 "일어나 그일라로 내려가라 내가 블레셋 사람들을 네 손에 넘기리라"(삼하 23:4)라고 말씀하십니다. 이런 일이 벌어진 곳이 바로 그일라 지방입니다.

다윗의 일생을 돌아보면, 사무엘상 23장에 기록된 바로 이 시기가 다윗의 영성이 가장 맑았던 시기가 아닐까 하는 생각이 듭니다. 다윗이 "하나님, 이렇게 할까요?" 하고 물으면, 하나님이 "그래, 이렇게 하거라"라고 대답하시는 장면이 반복됩니다. 그야말로 하나님과 직접 대화하던 셈입니다. 그만큼 다윗의 영성이 맑았던 것입니다.

이 이야기가 우리에게 주는 교훈이 있습니다. 다윗은 만사가 편안하거나 잘나갈 때보다도 오히려 적에게 쫓겨 다니거나 도망 다닐 때 혹은 하나님의 도우심 외에는 다른 길이 없을 때, 하나님과 원활히 소통했습니다. 우리가 누리는 편안함이 우리로 하여금 하나님을 바라보게 하는지 아니면 그저 우리를 편하게 해 주는 재물이나 소유를 바라보게 하는지 돌아봐야 합니다.

느헤미야서에서 예루살렘 성벽을 중수한 사람들의 명단과 그들이 일한 구역만을 기록한 본문을 읽을 때 우리는 어려움을 느낄 수도 있습니다. 그러나 성경의 어떤 부분에서라도 우리는 하나님의 뜻을 찾을 수 있습니다. 20절과 21절을 보십시오. "그다음은 삽배의 아들 바룩이 한 부분을 힘써 중수하여 성 굽이에서부터 대제사장 엘리아십의 집 문에 이르렀고 그다음은 학고스의 손자 우리야의 아들 므레못이 한 부분을 중수하여 엘리아십의 집 문에서부터 엘리아십의 집 모퉁이에 이르렀고"(느 3:20-21).

여기에 등장하는 사람들은 모두 제사장입니다. 느헤미야서 10장에 보면, 느헤미야와 백성들이 하나님과 견고한 언약을 세워 기록하여 "방백들과 레위 사람들과 제사장들"

(느 9:38)이 인봉할 때, 바룩이 제사장의 명단에 들어가 있는 것을 확인할 수 있습니다. "우리야의 아들 므레못"도 마찬가지로 제사장입니다. 므레못은 4절에서 "베레갸의 아들 므술람"과 함께 기록되었는데, 21절에 또 등장한 것입니다. 그러므로 제사장과 레위 지파 사람들은 하나의 문만을 맡지 않고, 다른 부분도 더 맡아서 일했다는 것을 알 수 있습니다. 성벽 재건이라는 중대한 공사에 힘을 다하여 열심으로 자신의 소임을 감당했던 것입니다.

그리고 26절에 우리가 주목해야 할 이름과 장소가 등장합니다. "그때에 느디님 사람은 오벨에 거주하여 동쪽 수문과 마주 대한 곳에서부터 내민 망대까지 이르렀느니라"(느 3:26). 오벨(오펠)이라는 곳은 지금도 예루살렘에 가면 찾아볼 수 있습니다. 현재 남아 있는 성벽 바깥쪽으로 이어진 곳에 오펠 가든이라는 곳이 있습니다. 지금은 야외 박물관으로 운영되고 있는데, 그곳에 가면 당시 성전의 모습을 살펴볼 수 있습니다.

"느디님 사람"은 누구인가에 관한 질문에 학자들은 천한 신분의 사람들이었을 것으로 추측합니다. 당시 성전 안에서 일하던 제사장과 레위 지파 사람들이 부리던 노예들이었을 것이라고 말합니다.

　그러한 신분의 근거는 민수기와 여호수아에서 찾아볼 수 있습니다. 민수기 31장에는 여호와 하나님이 모세에게 전쟁에서 사로잡은 사람들을 레위인에게 주라고 말씀하신 장면이 기록되어 있습니다(민 31:30). 또 여호수아 9장을 보면, 여호수아가 여리고와 아이에서 승리했다는 소식을 듣고, 일부러 초라한 행색을 하고 나타나 마치 먼 나라에서 온듯이 꾸며서 여호수아를 속이고 살아남은 기브온 사람들이 등장합니다. 사흘이 지나서야 그들의 속임수를 알게 된 여호수아는 그들에게 "너희가 우리 가운데에 거주하면서 어찌하여 심히 먼 곳에서 왔다고 하여 우리를 속였느냐 그러므로 너희가 저주를 받나니 너희가 대를 이어 종이 되어 다 내 하나님의 집을 위하여 나무를 패며 물을 긷는 자가 되리라"(수 9:22-23) 라고 말합니다. 기브온 사람들의 후예가 바로 느디님 사람들이라고 보는 것입니다.

　성경에 이렇게 다양한 사람들이 기록된 것은 무엇을 의미합니까? 빈부귀천에 상관없이 모든 사람이 예루살렘 성벽을 재건하는 일에 한마음으로 동참했음을 보여 줍니다.

살펴볼 것이 한 가지 더 있습니다. 28절의 "마문"을 보십시오. 성경에서 마문은 중요한 장면에 나타납니다.

남유다의 제5대 왕인 여호람은 왕이 되자마자 자신의 아우들을 모두 죽이는 일부터 시작했습니다(대하 21:4). 혹시나 형제들이 자신의 왕권에 위협이 될까 봐 염려했던 것입니다. 그는 북이스라엘의 아합과 이세벨의 딸 아달랴를 아내로 맞아들였습니다.

바알 숭배자였던 아달랴는 유대 역사에서 악녀 중 하나로 꼽힙니다. 아달랴는 여호람의 마음을 아합의 길로 이끌었습니다. 그런데 여호람이 죽고 나서도 아들 아하시야를 꾀어 악을 행하게 했습니다. 즉 아달랴가 모든 악행의 중심에 있었던 것입니다. 아들 아하시야도 왕이 된 지 1년 만에 예후에 의해 죽습니다. 그러자 아달랴는 겨우 피신한 손자 요아스를 제외한 왕의 일가족을 몰살시킨 후 왕위에 올라 6년간 통치했습니다.

당시 갓난아이였던 아달랴의 손자 요아스는 아달랴의 딸이자 요아스의 고모인 여호사브앗이 구출했고, 여호사브앗의 남편이자 제사장인 여호야다가 요아스를 길렀습니다. 아달랴가 즉위한 지 7년째 되던 해에 여호야다가 요아스에게 "왕관을 씌우며 율법책을 주고 기름을 부어 왕으로"(왕하 11:12) 삼았고, 아달랴는 여호야다에게서 명령을 받은 백부장들에 의해 죽임을 당합니다. 그가 죽은 곳이 바로 마문입니다. 마문은 "왕궁의 말이 다니는 길"(왕하 11:16), 곧 "말 문"(대하 23:15)을 가리킵니다. 유다 백성들은 성벽의 마문을 다시 세우며 하나님께 반역했던 왕들의 역사를 기억하고, 다시는 그 길로 행하지 않겠다고 다짐했을 것입니다.

마지막으로 본문을 통해서 느헤미야의 리더십을 생각해 봅니다. 3장에 나타난 느헤미야의 첫 번째 리더십은 영적인 것, 거룩한 것을 우선으로 하는 지도력입니다. 가장 중요하게 생각할 수 있는 양문을 중수하는 일에 대제사장을 세우고 그것을 성별하는 모습을 보여 줍니다. 우리도 마찬가지입니다. 거룩한 것을 우선으로 하는 것은 이 시대를 살아가는 우리 삶에서 구체적으로 나타나야 합니다.

예를 들어 예배가 삶의 최우선이 되는 것, 혹은 주일을 거룩하게 지키는 것, 십일조를 구별하여 드리는 것 등 여러 결단들이 모여 거룩한 것을 우선으로 하는 삶의 모습을 만들어 갑니다. 두 번째로 느헤미야는 헌신한 자들의 희망을 먼저 받아 주었습니다. 예를 들면 핫숩이 자기 집 맞은편 부분을 중수하였다고 말하는 장면이 나오는데(느 3:23 참조) 이처럼 느헤미야는 자신들이 원하는 것을 할 수 있는 방향으로 이 모든 것을 이끌어 갑니다. 각자 잘 할 수 있는 일을 선택하게 해 주는 것이죠.

세 번째로 느헤미야는 이 거룩한 사역들이 단절되지 않게 이끌어 갔습니다. 성벽이 중수되는 과정은 "그다음"으로 계속해서 이어집니다. 3장의 절은 대부분 "그다음은"으로 시작됩니다. 여기서 느헤미야의 또 하나의 중요한 리더십의 요소를 찾아볼 수 있습니다. 바로 연속성과 협력입니다. 느헤미야는 백성들이 협력하여 하나님의 일을 끊임없이 이어 갈 수 있도록 이끌었습니다. 그래서 "그다음은"이란 표현이 계속 등장할 수 있었던 것입니다.

느헤미야는 거룩한 것을 우선으로 하는 리더십을 솔선수범하여 보여 주었습니다. 그리하여 헌신한 자들의 희망을 무시하지 않고 지혜롭게 사용했습니다. 빈부귀천 없이 모두가 한마음으로 거룩한 일을 이룰 수 있도록 이끌었습니다.

이처럼 거룩한 것을 우선으로 하는 원칙을 스스로 세우고, 솔선수범하여 자신을 따르는 이들이 그 원칙을 적용하도록 이끄는 것을 리더십이라고 할 수 있습니다. 누구나 살다 보면, 삶의 자리에서 리더십을 발휘해야 할 순간이 찾아옵니다. 느헤미야처럼 믿음의 결단으로 거룩한 것을 먼저 선택하고, 자신에게 주어진 일을 잘 감당해 나갈 수 있도록 리더십을 지혜롭게 발휘해 나가길 바랍니다.

단단한 삶의 자리를 위한 질문

- 주의 일을 할 때 가장 중요한 동기는 무엇입니까?

- 공동체에서 한마음으로 주의 일을 하기 위해 필요한 것은 무엇입니까?

6

기도 외에
다른 방법이 없습니다

✳

내가 돌아본 후에 일어나서 귀족들과 민장들과 남
은 백성에게 말하기를 너희는 그들을 두려워하지
말고 지극히 크시고 두려우신 주를 기억하고 너희
형제와 자녀와 아내와 집을 위하여 싸우라 하였느
니라

느헤미야 4:1-14

느헤미야는 자신이 지키는 거룩함을 다른 사람들도 따르게 하면서 그들의 희망 사항까지 들어주는 지혜로운 리더였습니다. 다양한 자리에 있는 사람들을 하나로 만들어 분담하고 협력하여 멈춤 없이 일이 진행되도록 했습니다. 그 결과, 짧은 시간에 성벽이 전부 연결되어 절반에 가까운 높이까지 세워졌습니다. 그의 리더십이 일구어 낸 결과라고 할 수 있습니다. 느헤미야는 "이는 백성이 마음 들여 일을 하였음이니라"(느 4:6)라고 고백합니다.

그런데 어느새 위기가 다가오고 있었습니다. 우리는 이것을 반드시 기억해야 합니다. 인생길에 위기는 반드시 찾아온다는 사실 말입니다. 성경에 나오는 믿음의 사람들도 똑같은 일을 겪곤 했습니다. 특별히 성경에 나타난 믿음의 사람 중 큰 위기 없이 인생을 산 사람은 두 사람을 생각할 수 있습니다. 솔로몬과 에녹입니다.

그러나 에녹은 성경에 기록된 내용이 너무나 짧아서 그의 인생에 위기가 있었는지 없었는지를 판단할 수가 없기 때문에 솔로몬 정도를 꼽을 수 있을 것입니다. 그는 비교적 큰 위기가 없는 인생길을 걸었지만, 말년에 어떻게 되었습니까? 끝이 안 좋았습니다. 그런 의미에서 위기는 우리로 하여금 끝까지 주님만을 바라보며 나아가게 하는 귀한 수단이라고 할 수 있습니다.

위기는 누구에게나 반드시 찾아옵니다. 그런데 문제는 아무도 예측하지 못한 순간에 들이닥친다는 것입니다. 선인이든 악인이든 가리지 않고 찾아옵니다. 어쩌면 선한 일을 할 때, 더 큰 위기가 닥치는 것 같기도 합니다. 왜 그럴까요? 이 세상이 말 그대로 영적 전쟁터이기 때문입니다. 우리 영이 살아 있고, 우리가 선한 일을 하기에 사탄이 우리를 공격하는 것입니다. 전쟁터에서 쓰러져 죽은 시체에는 화살을 쏘지 않는다는 말이 있지 않습니까? 우리 영이 죽은 상태이고, 사탄과 친밀한 관계가 되었다면, 우리에게 화살을 쏠 리가 없다는 뜻입니다.

우리 인생의 산발랏과 도비야

산발랏이 왜 유다 백성들을 공격하는 것일까요? 아마도 자기 영역이 침범당하고 있다고 여기기 때문일 것입니다. 그 지역에서 자기가 행사하던 지배력을 잃고, 영향력에 손상을 입게 될 것으로 생각한 것입니다. 그는 유다 백성들이 바사 왕을 배반하려고 한다는 둥, 이스라엘이 독립하려고 한다는 둥 거짓말을 퍼뜨리며 이간질하여 사람들을 불안하게 만듭니다.

그러나 그러한 술책에도 불구하고, 성벽 재건 작업이 계속되자 이제는 심리전을 벌입니다. 유다 백성들을 조롱하고 비웃으며 그들에게 부정적인 생각을 불어넣으려 애씁니다. 먼저 그는 "이 미약한 유다 사람들이 하는 일이 무엇인가, 스스로 견고하게 하려는가, 제사를 드리려는가, 하루에 일을 마치려는가 불탄 돌을 흙무더기에서 다시 일으키려는가"(느 4:2) 하고 비웃습니다.

힘없고 돈이 없어 자기 앞가림도 제대로 못하는 유다 백성이 왕의 도움 없이 무슨 수로 자신을 지키겠느냐며 조롱하는 것입니다. 하나님께 버림받아 이미 황폐해진 성에서 아무리 예배를 드리고 기도해 봤자 하나님이 받으시겠느냐는 것입니다. 하루 만에 다 지을 듯이 덤비지만, 결국 부실 공사에 불과할 것이라고 비꿉니다. 그러더니 잿더미에서 돌을 끄집어내 봤자 쓸모없듯이 느헤미야와 백성들이 하는 일은 모두 허사가 될 것이라며 쐐기를 박아 버립니다. 옆에 있던 암몬 사람 도비야까지 "그들이 건축하는 돌 성벽은 여우가 올라가도 곧 무너지리라"(느 4:3)라고 비아냥거립니다.

이런 비아냥거림이 어쩐지 귀에 익숙하지 않습니까? 생각해 보면, 우리가 믿음의 길에서 중요한 결단, 곧 믿음의 결단을 내리려고 할 때마다 어디선가 이런 소리가 들려오곤 합니다. 힘없고, 돈 없고, 뒷배를 봐 주는 사람 하나 없는 미약한 존재라 자기 자신도 돌보지 못하면서, 어떻게 감히 하나님의 이름으로 그런 일을 하느냐고 추궁당하거나 자기 앞가림이나 하라는 핀잔을 듣곤 합니다.

심지어 우리 마음속에서도 이런 소리가 들려오지 않던가요? 죽을 둥 살 둥 발버둥질해서 이룬 일조차 여우 한 마리가 올라타면 한순간에 무너져 내리지는 않을까 염려하여 지레 허탈해하지는 않습니까? 그런 마음이 들 때마다 느헤미야가 이런 상황에서 어떻게 대처했는지 잘 살펴보십시오.

하나님의 사람들이 대처하는 방법

느헤미야는 산발랏의 조롱과 비아냥과 말도 안 되는 이간질에도 불구하고, 아무런 반응을 하지 않습니다. 그저 하나님만을 바라보며 몸부림치며 기도합니다. "우리 하나님이여 들으시옵소서 우리가 업신여김을 당하나이다 원하건대 그들이 욕하는 것을 자기들의 머리에 돌리사 노략거리가 되어 이방에 사로잡히게 하시고 주 앞에서 그들의 악을 덮어 두지 마시며 그들의 죄를 도말하지 마옵소서 그들이 건축하는 자 앞에서 주를 노하시게 하였음이니이다"(느 4:4-5). 하나님을 바라보는 것이 느헤미야의 대처법입니다.

우리가 인생에서 겪는 문제들은 건드리면 건드릴수록 점점 더 커져서 결국은 하나님을 못 보게 가려 버리는 특성이 있습니다. 느헤미야는 문제와 씨름하는 대신에 기도로써 하나님과 씨름합니다.

성경의 인물들을 생각해 보십시오. 가인은 끊임없이 아벨을 바라보고, 아벨에게 시비를 겁니다. 그런데도 아벨은 하나님만을 바라봅니다. 사울은 끊임없이 다윗과 자신을 비교하며 열등감에 젖어 비열하게 해코지합니다. 그러나 다윗은 하나님만 바라봤습니다. 마찬가지로 산발랏이 끊임없이 시비를 걸어 와도 느헤미야는 하나님만을 바라봅니다. 이것이 바로 하나님의 사람들이 대처하는 방법입니다.

인생의 위기는 반드시 찾아오는데, 우리가 선한 일을 하려고 할 때 더욱 그렇습니다. 그러한 때에 문제만 바라봐서는 하나님을 잃기 십상입니다. 그러므로 느헤미야가 그랬던 것처럼 하나님을 바라보며 기도로써 씨름해야 합니다.

그런데 외부 공격보다 더 예민하게 생각하고, 심각하게 고민해야 할 것이 있습니다. 바로 내부 분열입니다. 산발랏과 도비야는 "예루살렘으로 가서 치고 그곳을 요란하게 하자"(느 4:8)는 꾀를 냅니다. 친다는 것은 외적으로 공격하거나 협박한다는 뜻입니다. 그리고 요란하게 한다는 것은 동요하게 하거나 마음을 흔들어 버리는 것을 의미합니다. 다시 말해서, "외적으로 그들을 공격하여 그들 내부에 분열을 일으키자"고 말한 것입니다.

실제로 그들의 꾀는 유다 백성들에게 효과가 있었습니다. 여기서 인간의 약함을 볼 수 있습니다. 분명히 선한 일을 하고 있는데도, 공격을 당하면 흔들리니 말입니다. 결국 유다 백성들은 "흙무더기가 아직도 많거늘 짐을 나르는 자의 힘이 다 빠졌으니 우리가 성을 건축하지 못하리라"(느 4:10) 하고 자포자기하는 지경에 이릅니다.

성벽을 재건하면서 보니 길에 흙무더기와 돌덩어리들이 여전히 남아 있는 것이 눈에 들어온 것입니다. 이것들은 B.C. 586년, 예루살렘 성이 바벨론에 멸망해 무너졌을 때의 잔해입니다. 그것들이 100여 년이 지나도록 그대로 남아 있는 것을 보니, 성벽을 다시 쌓는 일이 얼마나 부질없게 느껴졌겠습니까? 성벽을 다시 짓는 일은 막막할 정도로 큰일인데, 백성들은 자신이 미미하고 약하게만 느껴졌을 것입니다. 결국 성벽 재건은 불가능한 일이 아닐까 하는 회의감이 들면서 마음이 흔들렸던 것입니다.

일이 너무 많으면 쉽게 지치기 마련입니다. 전 세계가 코로나19 바이러스에 시달리며 갈팡질팡할 때, 우리나라는 차분히 대응하며 위기를 극복해 나감으로써 K-방역이라는 부러움을 샀습니다. 그러나 아무리 철저하게 방역한다고 해도 그 기간이 길어지면 힘듭니다. 고난의 길이 너무 길어지면, 누구든 지치게 되어 있습니다.

성벽을 아무리 쌓고 또 쌓아도 할 일이 계속 생기는데, 100여 년 전의 흙무더기가 아직도 남아 있는 것을 보니 절로 힘이 빠져 아무래도 안 되겠다는 소리가 나오는 것입니다. 게다가 적의 무리는 호시탐탐 기회를 노리며 "그들이 알지 못하고 보지 못하는 사이에 우리가 그들 가운데 달려들어가서 살륙하여 역사를 그치게 하리라"(느 4:11) 하고 있으니, 생명의 위협을 느낄 수밖에 없습니다.

상황이 얼마나 심각한지 예루살렘 성 주변에 사는 유대 백성들이 찾아와 그들의 살육 계획을 귀띔해 주기도 했습니다. 그것도 열 번이나 일러 주었습니다.

옆집에 사는 이웃이 끊임없이 찾아와서 부정적인 말을 한다고 생각해 보십시오. "그만해. 안 될 거야. 거기 있다가는 죽어. 그러니 포기해. 결국 돈도 잃고 건강도 잃고 망하게 될 거야." 만날 때마다 이런 말을 듣는다면, 마음이 어떻겠습니까? 유다 백성들은 주변에 사는 동족들로부터 이런 말을 계속 들어야 했습니다. "살고 싶으면 항복해라. 다같이 살길은 너희가 멈추는 거야. 너희는 지금 느헤미야에게 속고 있어. 우리를 봐. 우리 편이 되는 게 낫다고." 이런 말을 듣는 유다 사람들도 견디기가 어려웠을 것입니다.

육체적으로는 지쳤고, 생명의 위협까지 느끼는 상황에서 주변에 있는 사람들이 끊임없이 그만두라며 말린다면, 우리는 어떻게 해야 합니까? 좋은 대처법은 다른 게 없습니다. 느헤미야가 하는 것을 보십시오. "우리가 우리 하나님께 기도하며 그들로 말미암아 파수꾼을 두어 주야로 방비하는데"(느 4:9).

느헤미야와 백성들은 하나님께 기도했습니다. 기도 외에는 방법이 없습니다. 어떤 분은 "목사님은 기도하자는 말밖에 모르세요?" 하고 묻기도 하지만, 믿는 자들이 기도 말고 다른 무기가 무엇이 있겠습니까? 예루살렘 성벽을 재건하던 유대인들에게 힘이 있었습니까? 능력이 있었습니까? 가진 것도 없고, 아는 것도 없고, 도와줄 이조차 없었습니다. 그들에게는 오직 하나님 한 분만이 계셨습니다. 하나님이 그들의 힘이요 능력이 되셨고, 그들의 가진 것이요 아는 것이 되셨으며, 그들을 도울 유일한 분이 되어 주셨습니다.

느헤미야서를 읽다 보면, 하나님을 부르는 독특한 표현을 발견하게 됩니다. 느헤미야는 하나님을 부를 때 "하늘의 하나님"이라 불렀습니다. 느헤미야서에는 '하늘'이라는 단어가 열 번 나오는데, 그중 네 번이 "하늘의 하나님"입니다.

성경 전체에서 찾아보면, 하나님 앞에 하늘을 붙이는 경우가 열여덟 번 있습니다. 그중 열여섯 번은 구약에 나오는데, "하늘의 하나님"이란 표현이 에스라서에 여섯 번, 느헤미야서에 네 번, 다니엘서에 두 번 나옵니다. 에스라서와 느헤미야서와 다니엘서에서만 총 열두 번이나 나오는 것입니다. 세 권 모두 포로기에 쓰였다는 것이 눈에 띕니다. 바사 왕 고레스와 아닥사스다왕도 하나님을 "하늘의 하나님"으로 부른 것을 보면, 바사의 표현법이었는지도 모릅니다.

그러나 우리는 이 표현을 더 깊이 묵상할 수 있습니다. 왜냐하면 느헤미야에게 하나님은 정말로 "하늘의 하나님"이셨기 때문입니다. 느헤미야를 공격했던 "산발랏과 도비야와 아라비아 사람들과 암몬 사람들과 아스돗 사람들"(느 4:7)을 보십시오. 산발랏은 예루살렘 북쪽 사마리아 지역에 살았고, 도비야는 동쪽 암몬 땅에 살았으며, 아라비아는 남쪽에 있었고, 아스돗은 서쪽에 있었습니다. 즉 예루살렘을 중심으로 동서남북이 막힌 상태였다는 뜻입니다.

느헤미야가 바라볼 곳은 하늘밖에 없었습니다. 유다 출신으로서 수산궁에 살 때도 그랬을 것입니다. 그를 곱지 않은 시선으로 바라보는 사람들이 사방에 있었을 것입니다. 그곳에서도 느헤미야는 하늘을 바라볼 수밖에 없었을 것입니다. 다니엘이나 에스라도 마찬가지였을 것입니다. 특히 다니엘은 감시자들에게 둘러싸인 채 하루에 세 번씩 하늘의 하나님께 기도했을 것입니다.

선한 일을 하며 살더라도 외부에서 공격받고, 내면에서 분열을 겪을 수 있습니다. 그럴 때, 우리에게는 기도 외에 다른 방법이 없습니다. 사방이 꽉 막혔을지라도 하늘만은 열려 있다는 것을 기억하십시오. 길이요 진리요 생명이신 주님이 하늘에 계십니다. 그러므로 우리는 하늘을 향해 기도해야 합니다. 이것이 우리의 방법이고, 우리가 나아갈 길입니다. 하늘의 하나님을 바라보고, 하늘의 하나님을 붙잡으십시오. 하늘의 하나님을 부를 때 하늘 길이 열리고, 하나님이 우리에게 살길을 열어 주실 것입니다.

단단한 삶의 자리를 위한 질문

● 사방이 꽉 막힌 위기 상황에서 당신은 무엇을 시작할 수 있습니까?

● 주의 일을 할 때 내부의 분열이 일어난다면 어떻게 풀어야 합니까?

7

하루하루
충실하게 살아야 합니다

＊

그때에 내가 또 백성에게 말하기를 사람마다 그 종자와 함께 예루살렘 안에서 잘지니 밤에는 우리를 위하여 파수하겠고 낮에는 일하리라 하고

느헤미야 4:15-23

느헤미야는 사방이 막힌 상황에서 때를 얻든지 못 얻든지 하늘의 하나님을 부르며 기도할 수밖에 없었습니다. 대적이 비방하는 중에도 오직 하나님께 집중하며 공사를 강행했습니다. 느헤미야와 유다 백성들은 밤에는 파수하고, 낮에는 일했습니다. 한 손에는 삽을 들고, 다른 한 손에는 병기를 든 채 성벽을 지은 것입니다. 평소에도 작업복을 벗지 않았고, 물 길러 갈 때도 병기를 손에서 놓지 않았습니다.

마치 군대의 5분 대기조 같지 않습니까? 군대에 다녀온 사람이라면, 이 장면이 머릿속에 그려질 것입니다. 5분 대기조는 잘 때도 군복을 입고 잡니다. 군복뿐 아니라 군화까지 신은 채로 자야 합니다. 군화가 얼마나 무거운지 몸을 뒤척일 때마다 잠에서 깨어나곤 합니다. 그런데 유다 백성들이 바로 그렇게 입고, 신고 낮과 밤을 보냈다는 것입니다. 성벽 공사를 하기 위해서 말입니다.

한 손에는 삽을, 다른 손에는 검을 들다

이 장면을 그려 볼 때, 어떤 생각이 듭니까? 이 땅을 살아가는 성도의 삶이 이와 같다는 생각이 듭니다. 그들이 한 손에는 삽을 들고, 다른 한 손에는 병기를 들었던 것처럼 우리는 삶의 자리에서 한 손으로는 밥벌이하면서, 다른 손에는 성령의 검을 들고 살아갑니다. 또한 그리스도로 옷 입고 살아야 합니다. 이것이 성도의 삶입니다.

그러나 낮에 일하고, 밤에 파수하며 살기란 쉽지 않습니다. 얼마나 피곤하겠습니까? 주님의 말씀처럼 우리는 "마음에는 원이로되 육신"(마 26:41)이 약한 존재들입니다. 그러니 항상 깨어 있도록 노력하지 않으면 안 됩니다. 사탄의 유혹에 언제 넘어갈지 모르기 때문입니다.

신학자 칼 바르트(Karl Barth)는 그리스도인은 한 손에는 성경을, 한 손에는 신문을 들고 살아야 한다고 말했습니다. 그는 믿음의 세계와 세상을 균형 있게 바라보라는 의미로 이 말을 남겼지만, 이렇게 해석할 수도 있습니다. 그리스도인은 세상에서 살아가지만, 성경으로 판단하라는 것입니다. 우리는 삽을 들고 일하는 삶의 자리에서도 성령의 검을 들고 영적으로 무장한 채 경계하며 살아가야 합니다.

긴장을 늦추지 않는 사람이 기도한다

산발랏이 예루살렘을 무력으로 공격할 기회를 노렸지만, 느헤미야가 이미 철저하게 방비하고 있음을 알고는 포기했습니다. "우리의 대적이 우리가 그들의 의도를 눈치챘다 함을 들으니라 하나님이 그들의 꾀를 폐하셨으므로 우리가 다 성에 돌아와서 각각 일하였는데"(느 4:15).

그런데 느헤미야는 한순간도 마음을 놓지 않습니다. 오히려 더 힘을 내어 성벽을 쌓았습니다. 위기가 지나갔다고 느낄 때, 방심하면 더 큰 위기에 부딪히기 마련입니다. 긴장이 풀리면, 자연스럽게 게을러지기 때문입니다. 심한 경우에, 위기가 풀어졌다 싶으면 교만해지는 사람도 있습니다. 그리스도인의 삶도 그렇지 않습니까? 큰일이 생기면 새벽 기도에, 철야 기도까지 하며 부르짖으면서, 일단 큰 위기가 지나고 나면 제일 먼저 쉬는 것이 새벽 기도와 철야 기도입니다. 위기를 모면했다 싶으면, 기도의 간절함이 눈 녹듯이 사라져 버리는 것입니다.

자녀가 군에 입대하면, 엄마들이 평소에 안 하던 새벽 기도를 다니기 시작하는 것을 종종 보게 됩니다. 낯선 곳에서 땀 흘려 훈련받을 자녀를 생각하면서 얼마나 눈물을 흘리며 기도하는지 모릅니다. 그런데 달이 가고, 해가 갈수록 그 간절한 마음이 느슨해집니다. 이등병 때의 마음과 병장 때의 마음은 하늘과 땅 차이입니다. 병장 때가 되면 오히려 군대에서 좀 더 오래 있다가 나왔으면 좋겠다고 생각하는 엄마들도 있습니다. 마음이 느슨해지는데, 새벽 기도를 열심히 다니겠습니까?

군대 간 자녀를 위한 간절한 마음도 시간이 갈수록 무뎌지는 법인데, 하물며 성벽을 쌓는 일에 대한 간절함은 오죽하겠습니까? 갈수록 체력과 열정이 줄어들고 작아질 법합니다. 그런데도 느헤미야와 유다 백성들은 끝까지 방심하지 않았습니다. 오히려 허리띠를 강하게 동여매고 더욱 열심히 기도하며 일했습니다.

대구에서 코로나19 확진 판결을 받은 부부의 이야기를 들었습니다. 부부가 같이 확진 판결을 받았는데, 남편이 그만 먼저 세상을 떠나고 말았습니다. 그런데 격리 중이던 아내는 평생 함께 살았던 남편의 장례식장에 가 볼 수가 없었습니다. 남편의 마지막 얼굴을 보지 못한 채 화장터로 떠나보내야 했다고 합니다. 얼마나 가슴이 아팠겠습니까. 이 부부의 비극을 잊어서는 안 됩니다.

코로나19 사태가 진정 국면에 들어간 뒤에도 긴장을 풀거나 마음을 늦출 수는 없습니다. 사회에서 경제 활동을 하면서도 한편으로는 사회적 거리 두기를 계속해야 하고,

나아가 진정된다고 해도 생활 속 거리 두기를 잊으면 안 됩니다. 한순간도 방심해서는 안 되기 때문입니다. 긴장을 늦추지 않은 느헤미야와 유다 백성들에게 우리는 많은 교훈을 얻을 수 있습니다.

30초 손 씻기에도 최선을 다하는 자세

느헤미야는 어떻게 계속 깨어 있을 수 있었을까요? 그가 영적 전쟁에서 계속 승기를 붙잡고 나아갈 수 있었던 힘을 그의 말에서 찾을 수 있습니다. "우리 하나님이 우리를 위하여 싸우시리라"(느 4:20하). 그는 이 전쟁이 여호와께 속했으므로 마침내 승리하게 되리라는 것을 믿었습니다.

이것은 마치 예수님의 달란트 비유와도 같습니다. 각각 다섯 달란트와 두 달란트를 받은 종들은 반드시 주인이 돌아올 것을 믿었고, 주인이 돌아올 때를 대비하여 열심히 일했습니다. 그 덕분에 주인에게서 "잘하였도다 착하고 충성된 종아 네가 적은 일에 충성하였으매 내가 많은 것을 네게 맡기리니 네 주인의 즐거움에 참여할지어다"(마 25:21, 23)라는 말을 들을 수 있었습니다.

우리가 삶의 자리에서 낮에는 삽을 들고 열심히 일하고,

밤에는 성령의 검을 손에 쥐고 영적으로 깨어 기도하며 살아갈 때, 주님께 "착하고 충성된 종"이라는 칭찬을 듣게 될 것입니다. 하나님이 우리에게 승리를 주신다는 믿음이 있다면, 삶을 대충 살 수 없습니다. 최선을 다해 살아냄으로써 끝내 승리의 면류관을 받아야 할 것입니다.

코로나19 바이러스 덕분에 하루에도 몇 번씩 손을 씻으면서 그동안 내가 삶을 참 대충대충 살았다는 생각이 들었습니다. 손에 비누칠하고 나서 30초 이상 씻느라 열중하면서 그동안 내가 손을 얼마나 대충 씻었는지 깨달은 것입니다. 별로 크지도 않은 손인데, 꼼꼼히 씻다 보니 씻어야 할 곳이 얼마나 많던지 새삼 놀랐습니다. 막상 손가락 사이사이를 씻고, 손톱 뿌리 부분도 씻고, 손등을 씻고, 손목까지 씻으려니 30초가 부족했습니다. 지난날, 손만 대충 씻은 것이 아니라 믿음 생활이나 기도 생활도 얼렁뚱땅해 온 것은 아닌지 반성하게 되었습니다. 하나님 앞에서 적당히 살아온 세월을 돌아보며 회개했습니다.

코로나19 사태 이후로 우리에게 주어진 한 가지 귀한 일이 있다면, 저녁때 집에서 보내는 시간이 많아졌다는 것입니다. 그 시간에 무엇을 하며 보냅니까? TV 앞에 멍하니 앉아 있거나 게임을 하며 보내지는 않습니까? 하나님이 우리에게 주신 시간을 헛되이 보내지 마십시오. 가정에서 부모와 자녀가, 또는 부부가 함께 예배드리고, 대화를 나누기를 바랍니다. 오히려 가정이 화목해지고, 온 가족이 하나님과 친밀해지는 전화위복의 시간이 될 수 있습니다.

한순간도 방심하지 말고, 믿음의 허리띠를 동여맨 채로, 주인이 돌아올 것을 대비하여 달란트를 배나 남겼던 종들처럼 하루하루를 충실하게 사십시오. 낮에는 일하고, 밤에는 파수하는 자세, 착하고 충성된 종으로서의 자세, 양손에 각각 삽과 성령의 검을 들고 삶을 일구어 가는 자세로 최선을 다해 살아간다면 우리는 끝내 승리를 맞이할 것입니다.

단단한 삶의 자리를 위한 질문

● 위기의 순간에 더욱 기도해야 하는 이유는 무엇입니까?

....

● 살면서 양손에 삽과 성령의 검을 든다는 것은 무엇을 의미합니까?

....

8

세상과
하나님 나라의 법 사이에서

＊

그런즉 너희는 그들에게 오늘이라도 그들의 밭과
포도원과 감람원과 집이며 너희가 꾸어 준 돈이나
양식이나 새 포도주나 기름의 백분의 일을 돌려보
내라 하였더니

느헤미야 5:1-13

느헤미야는 백성들과 함께 밤에는 파수하고, 낮에는 일하는 자세로 산발랏의 무리를 경계하며 전투태세로 성벽을 건축하는 사이에 공동체 내부의 문제가 곪아 가고 있었다는 사실을 깨닫습니다. 백성들이 식량난에 시달리게 된 것입니다. 바사에서 느헤미야와 함께 돌아온 사람들이 있는데다가 예루살렘에 새로운 총독이 와서 성벽을 재건한다는 소식을 듣고 주변 백성들까지 몰려들면서 성안에 인구가 크게 불어난 것입니다. 양식은 유한한데, 흉년까지 들어서 먹을 것이 부족해졌습니다.

백성들은 밭과 집과 포도주를 저당 잡힌 뒤 먹을 것을 구할 수밖에 없었는데, 그 와중에 도시 재건을 위해 세금마저 늘어났으니 빚을 갚기 위해 자녀를 종으로 팔아넘겨야 하는 상황이 벌어졌습니다. 백성들이 고통으로 울부짖는 소리가 느헤미야에게까지 들렸습니다. "우리 육체도 우리 형제의 육체와 같고 우리 자녀도 그들의 자녀와 같거늘 이제 우리 자녀를 종으로 파는도다 우리 딸 중에 벌써 종 된 자가 있고 우리의 밭과 포도원이 이미 남의 것이 되었으나 우리에게는 아무런 힘이 없도다"(느 5:5).

백성들이 탄식하는 소리가 귓전에 울리는 듯합니다. 상

상만 해도 가슴이 아픕니다. 우리가 사는 세상의 비참함이 그때와 별반 다르지 않게 보이니 더욱 가슴을 치게 됩니다.

두 도성 이야기를 기억하다

우리는 세상에 발을 딛고 살아가기 때문에 세상의 법을 지켜야 합니다. 그러나 동시에 우리는 하나님 나라의 백성이기도 합니다. 따라서 하나님 나라의 법도 지켜야 합니다. 그래서 한 손에는 삽을 들고, 한 손에는 성령의 검을 든 채로 살아가야 한다는 것입니다. 그러고 보니 믿는 자의 삶은 참으로 고단할 수밖에 없는 것 같습니다.

어거스틴(Augustine)은 《신국론》(De Civitate Dei)에서 두 도성 이야기를 하면서 "하나님 나라의 법과 세상의 법이 상충할 때, 그리스도인은 하나님 나라의 법을 따라야 한다"고 말했습니다. 하나님 나라의 법이 상위 법이기 때문입니다.

누군가가 돈을 꾸어 주고 이자를 받는다고 생각해 보십시오. 세상의 법은 돈을 꾸어 주고 이자를 받는 것이 정당하다고 말합니다. 그러나 하나님 나라의 법은 "네가 만일 너와 함께한 내 백성 중에서 가난한 자에게 돈을 꾸어 주면 너는 그에게 채권자 같이 하지 말며 이자를 받지 말 것"

(출 22:25)이라고 말합니다.

신명기에도 이와 같은 말씀이 있습니다. "네 하나님 여호와께서 네게 주신 땅 어느 성읍에서든지 가난한 형제가 너와 함께 거주하거든 그 가난한 형제에게 네 마음을 완악하게 하지 말며 네 손을 움켜쥐지 말고 반드시 네 손을 그에게 펴서 그에게 필요한 대로 쓸 것을 넉넉히 꾸어 주라 삼가 너는 마음에 악한 생각을 품지 말라 곧 이르기를 일곱째 해 면제년이 가까이 왔다 하고 네 궁핍한 형제를 악한 눈으로 바라보며 아무것도 주지 아니하면 그가 너를 여호와께 호소하리니 그것이 네게 죄가 되리라 너는 반드시 그에게 줄 것이요, 줄 때에는 아끼는 마음을 품지 말 것이니라 이로 말미암아 네 하나님 여호와께서 네가 하는 모든 일과 네 손이 닿는 모든 일에 네게 복을 주시리라 땅에는 언제든지 가난한 자가 그치지 아니하겠으므로 내가 네게 명령하여 이르노니 너는 반드시 네 땅 안에 네 형제 중 곤란한 자와 궁핍한 자에게 네 손을 펼지니라"(신 15:7-11).

느헤미야가 성벽을 공사하는 동안에 외부로부터 많은 공격과 어려움을 당했습니다. 외부의 공격도 물론 힘들지만, 내부에서 일어나는 갈등은 사실 분간하기 힘들고, 어떻게 판단해야 할지 조심스러우니 더욱 힘들었을 것입니다. 느헤미야는 이 내부의 문제를 어떻게 해결해 나갈까요?

선택하고 결단해야 한다

성경은 우리에게 선택하라고 요구합니다. "너희는 세상의 법으로 살 것이냐? 아니면 하나님 나라의 법으로 살 것이냐?" 하나님 나라의 법은 가난한 자에게는 꾸어 주고 이자를 받지 말라는 것입니다. 그러나 세상의 법은 가난한 자든 아니든 상관없이 꾸어 주면 이자를 받는 것이 정당하다고 말합니다.

하나님은 땅에는 언제든지 가난한 자가 그치지 아니할 것이므로 우리가 살아가는 영역 안에 있는 형제 중에 곤란한 자와 궁핍한 자를 도우라고 말씀하십니다. 그러면 우리가 하는 모든 일과 우리 손이 닿는 모든 일에 복을 주시겠다고 말씀하십니다. 이것이 바로 하나님 나라의 법입니다.

느헤미야는 이렇게 말합니다. "내가 옷자락을 털며 이르기를 이 말대로 행하지 아니하는 자는 모두 하나님이 또한 이와 같이 그 집과 산업에서 털어 버리실지니 그는 곧 이렇게 털려서 빈손이 될지로다 하매 회중이 다 아멘 하고 여호와를 찬송하고 백성들이 그 말한 대로 행하였느니라"(느 5:13).

당시 유대인들은 도포처럼 긴 겉옷을 입었는데, 옷자락으로 중요한 물건을 보자기처럼 싸기도 했습니다. 옷자락을 턴다는 것은 겉옷을 벗고 속옷만 입은 상태에서 빨래를 털듯이 옷을 터는 것을 말하는데, 만약 약속을 어기면 하나님이 나의 모든 재산을 털어 버리실 것이라는 뜻으로 행하는 일종의 맹세 행위입니다.

이 대목에서 우리가 주목할 것은 느헤미야의 맹세에 백성들이 "아멘" 하고 여호와를 찬송하며 그 말한 대로 행했다는 것입니다. 놀랍지 않습니까? 우리도 삶의 자리에서 이처럼 "아멘" 하고 결단해야 합니다.

우리 앞에는 세상의 법과 하나님 나라의 법이라는 두 갈래 길이 놓여 있습니다. 우리는 세상의 법을 지켜야 하지만, 그 위에 있는 하나님 나라의 법도 따라야 합니다. 우리는 하나님이 주시는 복을 사모하며 살 것인지 아니면 자기 뜻과 방법대로 살 것인지 선택해야 합니다. 모쪼록 하나님 나라의 법대로 살겠다고 맹세하고, 여호와를 찬송하겠다는 결단을 하기를 바랍니다. 하나님이 하늘에서 우리 기도에 귀를 여시고, 우리에게 복을 주시는 체험을 하기 바랍니다.

우리는 신앙의 각오를 다져야 할 중요한 시기를 맞이했습니다. 코로나19 사태로 누구도 경험해 보지 못한 세상을 살게 되었습니다. 새로운 세상이 정착될 때까지 기존의 모든 것이 흔들릴 것입니다. 그러나 세상이 흔들리고, 가치관이 변해도 하나님 나라의 법을 따른다면, 하나님이 약속하신 것처럼 하늘에서 부어 주시는 복을 누릴 것입니다.

미래는 암울하지만 약속을 믿는다

전문가들은 앞으로 5년에 한 번 꼴로 새로운 바이러스가 찾아올 것이라고 경고합니다. 코로나19 사태와 같은 상황이 언제든지 다시 벌어질 수 있고, 백신이 개발되지 않으면 그때마다 어려움을 겪게 될 것입니다. 이제까지 경험하지 못한 새로운 세상이 펼쳐짐과 동시에 이전과는 다른 고난도 겪어야 할 것입니다.

먼저, 식당, 카페, 술집, 소규모 체육관 등 서비스를 제공하는 사업이 어려워질 것입니다. 영화관, 미술관, 각종 공연장, 컨벤션 산업, 이벤트 산업, 특별히 여행업 등 문화 예술과 관련된 사업들에 큰 변화가 올 것입니다. 더 나아가 학교 및 학원의 운영 방식도 달라질 것입니다.

또한 개인의 사생활과 인권 침해라는 문제가 생길 수 있습니다. 왜냐하면 바이러스 감염자와 그 접촉자를 신속하게 추적하려면 위치 정보 조회가 필수이기 때문입니다. 시스템을 개발해 개인 전화기에 추적 앱을 강제로라도 설치하게 하는 나라가 늘어날 수 있습니다.

새로운 세상에서는 새로운 의미의 차별이 생길 수도 있습니다. 예를 들어, 아프리카나 남미를 여행하려면 황열병 예방접종을 하고 나서 카드를 발급받아야 하는데, 앞으로는 나라마다 건강과 관련된 각종 증명서를 요구할 수 있습니다. 코로나19처럼 전 세계적으로 위협이 될 만한 전염병의 예방 백신을 받은 증명서가 있어야만 출입국이 허락되고, 어느 나라에 들어가는 순간 위치 추적 앱을 의무적으로 설치해야만 할 수도 있습니다. 새로운 규칙을 따르느냐, 따르지 않느냐에 따라 차별 대우를 받을지도 모릅니다.

지금까지 세계화에 몰두했던 세상이 미국의 도널드 트럼프 대통령의 말대로 지역화로 돌아선다면, 지역 간의 벽이 더욱 높아질 것입니다. 트럼프 대통령은 중국 공장을 미국으로 옮겨 오라고 자국 기업들에 계속 요구하고 있습니다. 다른 나라에 산업 기반을 두었던 수많은 다국적 기업이 이미 흔들리고 있습니다.

이런 상황에서 우리나라는 위기와 기회라는 양면의 동전을 쥐고 있습니다. 우리나라는 공중보건과 IT기술이 발전했으므로 이를 바탕으로 더욱 성장할 기회가 있는 반면, 수출이 경제의 많은 부분을 차지해 해외에 산업 기반을 둔 기업이 많다는 사실이 위기가 될 수도 있습니다.

결국은 빈부 격차가 심화될 것입니다. 한스 피터 마르틴(Hans-Peter Martin)과 하랄트 슈만(Harald Schumann)이 《세계화의 덫》에서 주장한 대로 '20 대 80 법칙'이 강화될 것이라는 뜻입니다. 20 대 80 법칙이란 전체 인구의 20%가 전체 부의 80%를 차지한다는 이론입니다. 이 이론에 따르면, 세계는 전 세계 인구 중 20%는 좋은 일자리를 가지고 안정적인 생활을 유지하는 반면, 대다수인 나머지 80%는 사실상 20%에 빌붙어 살아갑니다. 즉 돈 많은 20%가 가난한 80%를 먹여 살려야 하는 상황이 강화될 것입니다.

이런 때일수록 우리는 하나님 나라의 법을 떠올려야 합니다. 코로나19 사태로 온 나라가 어려움을 겪을 때, 어떻게 하면 교회가 이웃을 섬길까를 고민하다가 우선 우리 교회 가까운 곳에 사는 이웃들을 섬겼습니다. 그리고 성도들 가운데 사정이 어려워진 이들에게도 도움의 손길을 내밀었습니다. 또한 대구·경북 지역의 교회와 교단 산하의 신학교와 지역 구청에도 교회의 예산을 아껴 성금을 보냈습니다. 어려운 미자립교회는 도왔고, 새터민교회는 지원했습니다. 사회적 거리 두기로 교회 헌금이 많이 줄긴 했지만, 이 모든 상황에서 하나님은 사명을 주셨습니다. 우리는 힘을 다해 이웃을 섬겨야 합니다. 이것이 하나님 나라의 법을 향한 우리의 결단이며 기도가 될 것입니다.

단단한 삶의 자리를 위한 질문

- 세상과 하나님 나라의 법 사이에서 고민했던 경험이 있습니까?

- 하나님 나라의 법을 따라 살기 위해 어떤 결단이 필요합니까?

9

기억하사
은혜를 베푸시옵소서

✳

내 하나님이여 내가 이 백성을 위하여 행한 모든
일을 기억하사 내게 은혜를 베푸시옵소서

느헤미야 5:14-19

제4차 산업혁명으로 세상이 뒤집힐 것이라는 이야기가 들려올 때, 저는 목회에서 은퇴할 즈음에나 그런 일이 벌어지리라고 생각했습니다. 그래서 젊은 목사님들에게 여러분이 목회를 이끌 때쯤이면 이제껏 경험해 보지 못한 목회 현장이 펼쳐질 것 같으니 잘 준비해 두라고 말해 주곤 했습니다. 그런데 코로나19 사태로 순식간에 세상이 변하게 되었고, 새로운 시대가 성큼 다가오게 되었습니다. 누구도 경험해 보지 못한 세상을 살게 된 것입니다.

한 가지 확실한 것은, 새로운 세상이 정착될 때까지 기존의 모든 것이 흔들릴 것이라는 사실입니다. 그러나 모든 것이 뒤바뀌어도 우리는 세상의 법 위에 존재하는 하나님 나라의 법을 따라야 합니다.

새 시대는 이전과 다른 방식으로 살아야 한다

본문은 느헤미야의 짧은 간증이라고 말할 수 있습니다. 느헤미야는 백성들에게 하나님 나라의 법을 따르는 삶을 선택할 것을 촉구하면서 자기 자신이 지도자로서 어떻게 살고 있는지를 간증합니다. 그는 자신이 예루살렘에 부임하기 전에 이전 총독들이 백성들에게서 은 40세겔을 빼앗았다고 말합니다(느 5:15). 그것도 하루에 말입니다.

은 1세겔은 성인이 나흘간 받는 임금이었습니다. 오늘날 최저임금으로 대충 계산해 봐도 대략 30만 원 정도가 되고, 40세겔이면 1,200만 원가량 됩니다. 이전 총독들은 예루살렘 지경에 있는 유다 백성들에게서 하루에 1,000-1,200만 원 정도의 양식과 포도주를 세금으로 받았다는 것입니다. 당시에 총독은 그 지역에서 세금을 걷어 자신의 봉급으로 삼는다는 법이 있었습니다.

그러나 느헤미야는 이전 총독들처럼 하지 않았다고 말합니다. 남들이 다 그렇게 살아도 나만은 하나님 나라의 법도를 따르겠다는 느헤미야의 고백을 통해 하나님은 우리에게 이렇게 말씀하시는 것 같습니다. "나는 무너진 이 세대를 다시 세울 느헤미야가 필요하다. 누가 나의 느헤미야가 되겠느냐? 너희가 이 시대의 느헤미야가 되어 무너진 세대를 다시 세우라!" 느헤미야가 된다는 것은 남들이야 어떻게 살든지 자신만큼은 하나님 나라의 법을 따라 살겠노라고 고백하며 행하는 사람이 되는 것을 의미합니다.

느헤미야는 간증을 마치면서 이렇게 결론을 맺습니다. "내 하나님이여 내가 이 백성을 위하여 행한 모든 일을 기억하사 내게 은혜를 베푸시옵소서"(느 5:19). 이것은 바꾸어 말하면, "내가 이렇게 살았더니 하나님이 내게 이런 은혜를 베푸셨습니다"라는 뜻입니다. 하나님 나라의 법을 따라 살다가 인생의 어느 날 느헤미야처럼 이런 멋진 간증을 하게 되기를 바랍니다.

이전과 다른 삶을 사는 이유

느헤미야서 5장은 느헤미야의 삶의 원칙이 나오는 중요한 부분입니다. 그는 자신이 "하나님을 경외하므로 이같이 행하지"(느 5:15하) 아니하였다고 말합니다. 이것이 바로 그의 삶의 원칙입니다. 우리도 흔히 "하나님 때문에 내가 참는다. 하나님을 믿으니 내가 양보한다"고 말하지 않습니까?

그리스도인이라면 김익두 목사님에 관해 한 번쯤 들어 봤을 것입니다. 19세기 말에 태어나 우리나라 초기 기독교 시대에 활약했던 분입니다. 그는 유명한 주먹꾼이었으나 예수 그리스도를 믿고 변화되었습니다. 그가 하나님 때문에 참았다는 어느 일화가 있습니다.

어느 날 김익두 목사님이 전도 집회를 하러 가다 좁은 산길에서 만취한 사람과 마주쳤습니다. 그 사람이 마주 오던 김

목사님이 거슬린다며 난데없이 주먹을 날렸습니다. 그러자 목사님이 "내가 김익두다"라고 이름을 밝혔습니다. 술주정뱅이라도 그 이름은 익히 들어 알고 있어서 그 사람은 깜짝 놀랐습니다. 그런데 그에게 목사님이 이렇게 말했다고 합니다. "예수는 내가 믿었는데, 복은 당신이 받았소. 하나님 때문에 참는 것이오. 나는 하나님을 경외함으로 이렇게 살아가오."

느헤미야가 지킨 삶의 원칙이 바로 이와 같았습니다. 성경의 표현을 빌리자면, "하나님을 사랑하므로 이웃을 사랑한다"는 것입니다. "마음을 다하고 목숨을 다하고 뜻을 다하여" 하나님을 사랑하므로 이웃을 내 자신같이 사랑한다는 뜻입니다(마 22:37-39). 우리도 하나님을 경외하므로 그같이 행하겠다고 결심하고 고백해야 합니다.

본문을 읽다가 의문점이 하나 생겼습니다. 느헤미야가 하루에 베풀었던 음식의 양이 어마어마했기 때문입니다. 그는 매일 자신을 위하여 "소 한 마리와 살진 양 여섯 마리를 준비하며 닭도 많이 준비하고 열흘에 한 번씩은 각종 포도주를"(느 5:18) 내놓았다고 말합니다. 당시 그가 베푸는 식탁에 앉아 음식을 먹었던 사람이 최소 150명이었고, 그 외에도 찾아오는 방문객이나 이방인들까지 계산하면 200명은 넘었을 것입니다. 그런데 어떻게 총독의 녹을 받지 않고도 12년 동안 그렇게 대접할 수 있었을까요?

상식적으로 두 가지를 추론할 수 있습니다. 첫째, 느헤미야가 원래 재산이 많았을 수 있습니다. 아버지에게서 큰 유산을 물려받은 부자였으리라고 짐작할 수 있습니다. 둘째, 그는 바사의 왕궁에서 술 관원이었으므로 예루살렘 총독으로 부임한 후에도 바사에서 계속 녹을 받았을 가능성이 있습니다. 만약 그랬다면 아닥사스다왕이 그만큼 느헤미야를 신뢰했다는 것일 테고, 그 덕분에 그가 12년간이나 왕의 보호 아래 예루살렘을 지킬 수 있었다고 볼 수 있습니다. 그러나 이 정도 이유만으로는 부족합니다. 느헤미야가 어디서 그런 부를 얻게 되었는지, 좀 더 깊이 알아볼 필요가 있습니다.

흘려듣지 않아야 복을 얻는다

하나님은 우리에게 이렇게 말씀하셨습니다. "땅에는 언제든지 가난한 자가 그치지 아니하겠으므로 내가 네게 명령하여 이르노니 너는 반드시 네 땅 안에 네 형제 중 곤란한 자와 궁핍한 자에게 네 손을 펼지니라"(신 15:11).

우리는 이것이 하나님의 "명령"이라는 사실에 주목해야

합니다. 명령에 대한 반응은 순종 아니면 불순종, 두 가지밖에 없습니다. 하나님은 "반드시"라고 말씀하셨습니다. 우리가 반드시 지켜야 할 명령인 것입니다. 아무리 어려운 처지에 있더라도 주위에 궁핍한 사람이나 곤란에 처한 사람이 있다면, 기꺼이 손을 내밀어 도와야 한다는 뜻입니다.

하나님은 언제나 힘을 채워 주시는 분입니다. 하나님은 우리가 아낌없이 베풀 때, 우리가 하는 모든 일과 우리 손이 닿는 모든 일에 복을 주시겠다고 말씀하셨습니다(신 15:10 참조). 그러므로 하나님의 명령과 약속에 근거해서 보면, 느헤미야가 하나님의 명령에 순종했더니 신명기에서 약속하신 복이 그에게 임했다고 해석할 수 있습니다. 그것이 아니라면, 그가 어떻게 12년 동안이나 베풀면서 살 수 있었는지 설명할 수가 없습니다. 분명히 하나님이 그의 곳간이 비지 않도록 계속 채워 주셨을 것입니다. 그것도 12년간이나 말입니다.

느헤미야는 하나님을 경외하므로 세상의 법보다 훨씬 높은 차원에 있는 하나님 나라의 법을 따라 삶으로써 하나님이 신명기에서 약속하신 축복을 받았습니다. 우리에게도 느헤미야와 같은 삶의 원칙이 필요합니다.

그러나 이런 사실을 아무리 말해 주어도 많은 사람이 그냥 듣고 흘러버릴 것입니다. 아마도 100명 가운데 99명은 그럴 것입니다. 하지만 하나님의 말씀을 믿고, 그대로 순종하며 사는 사람이 한 명쯤은 분명히 있습니다. 그 한 명, 느헤미야가 하나님 나라를 이끌어 갑니다.

하나님은 우리 가운데 느헤미야가 나와서 이 시대에 무너진 성벽을 재건하기를 원하십니다. 하나님은 느헤미야와 같은 사람을 통해서 하나님 나라를 이루어 가시기 때문입니다. 말씀을 전적으로 신뢰하며 느헤미야와 같이 순종하여 "내가 내 이웃을 위해 행한 모든 일을 하나님이 기억하시고, 내게 은혜를 베풀어 주셨다"고 간증하게 되기를 바랍니다. 하나님을 사랑하기에 이웃을 사랑하고, 하나님을 사랑하기에 그 말씀과 명령에 순종하게 되기를 바랍니다.

단단한 삶의 자리를 위한 질문

- 흔들리는 세상에서 붙잡아야 할 가치는 무엇입니까?

- 하나님 나라의 법으로 세우는 삶의 원칙은 어떤 것들이 있습니까?

3장

은혜가
이끄는 곳으로

10

은혜로만
완성할 수 있습니다

우리의 모든 대적과 주위에 있는 이방 족속들이 이
를 듣고 다 두려워하여 크게 낙담하였으니 그들이
우리 하나님께서 이 역사를 이루신 것을 앎이니라

느헤미야 6:1-19

느헤미야를 대적하는 원수들은 끝끝내 그를 넘어뜨리려고 안간힘을 썼고, 느헤미야는 마지막까지 방비를 늦추지 않았습니다. 느헤미야서 6장은 이렇게 시작합니다. "산발랏과 도비야와 아라비아 사람 게셈과 그 나머지 우리의 원수들이 내가 성벽을 건축하여 허물어진 틈을 남기지 아니하였다 함을 들었는데 그때는 내가 아직 성문에 문짝을 달지 못한 때였더라"(느 6:1).

산발랏과 도비야와 게셈이 공사를 방해하려고 계속해서 빈틈을 노리고 있는데, 그때는 아직 성문의 문짝을 달지 못한 상태였습니다. 그런데 이것을 뒤집어서 말하면, 이제 성문의 문짝만 달면 공사가 끝난다는 뜻입니다.

성경은 언제나 끝까지 방심하지 말라고 경고하곤 합니다. 축구 경기도 끝나기 5분 전이 가장 위험하다고 하지 않습니까? 그 짧은 시간에 승패가 갈린다는 뜻입니다.

내부 분열을 일으키는 사탄의 계략

산발랏과 도비야와 게셈은 느헤미야를 좌절시키기 위해 악한 계략을 세웁니다. 느헤미야에게 사람을 보내어 "오노 평지 한 촌에서 서로 만나자"(느 6:2)고 제안한 것입니다. 그러나 사실은 느헤미야를 해칠 생각이었습니다.

그들이 느헤미야에게 네 번이나 똑같은 제안을 했다는 것에 주목하십시오. 대화하자는 요청이 일견 좋게 보이지 않습니까? 어떤 참모들은 그동안 벌어졌던 골치 아픈 일들을 해결할 수 있겠다는 생각에 "총독님, 가서 그들과 대화로 문제를 해결하십시오. 그들이 먼저 대화하자고 나서지 않았습니까?"라고 말할 것입니다. 또 어떤 참모들은 의심을 거두지 않고, "아닙니다. 그들이 달라졌을 리가 없습니다. 괜히 시간만 낭비할 뿐입니다"라고 충언할 수도 있습니다. 그렇게 의견이 충돌하다 보면, 참모들 사이에 내분이 일기 마련입니다. 산발랏의 무리가 노린 것이 바로 그것입니다. 선으로 포장한 그들의 계략은 예루살렘 내부에 분열을 일으켜서 느헤미야를 위험에 빠뜨리는 것이었습니다.

급기야 산발랏이 다섯 번째로 제안할 때는 종자의 손에 "봉하지 않은 편지"(느 6:5)를 들려 보냅니다. 그가 "봉하지 않은 편지"를 보낸 이유가 무엇일까요? 당시에는 파피루스나 가죽 판 위에 글을 써서 비단 가방에 넣은 뒤 돌돌 말아 묶고, 그 위에 점토나 밀랍을 꼼꼼하게 붙여 봉한 뒤에 편지를 보냈습니다. 왜 그랬겠습니까? 편지가 배달되는 과정에서 다른 사람이 먼저 읽지 못하도록 막기 위해서였습니다. 그런데 산발랏은 편지를 봉하지도 않고 보냅니다. 누군가가 먼저 읽고 소문을 내라는 의도가 있는 것입니다.

편지의 내용은 이랬습니다. "느헤미야, 네가 하는 일은 반역이다. 왕이 다 알고 계신다. 소문으로는 네가 한 선지자를 세워서 그로 하여금 하나님이 너를 유다의 왕으로 세웠다고 선전한다고 하더라. 이것이야말로 왕에 대한 반역이 아니냐? 그러니 만나서 그것에 대해 나와 의논하자"(느 6:6-7 참조).

도대체 왜 이런 거짓 편지를 보낸 것일까요? 느헤미야가 보기에는 말도 안 되는 이야기이지만, 이 소문이 널리 퍼진다면, "아니 땐 굴뚝에 연기 날까?" 하며 느헤미야를 의심하기 시작하는 사람들이 반드시 생길 것이라고 생각했기 때문입니다.

느헤미야는 "네가 말한 바 이런 일은 없는 일이요 네 마음에서 지어낸 것"(느 6:8)이라고 단호하게 말합니다. 여기서 '지어내다'로 번역된 히브리어 단어는 구약성경에서 한 번 더 나오는데, 바로 열왕기상 12장입니다. 여로보암이 르호보암으로부터 분리 독립하여 북이스라엘을 세운 다음에 북

이스라엘 사람들이 하나님을 예배하러 예루살렘 성으로 올라가니까 여로보암이 금송아지를 만들어 단과 벧엘에 각각 세우고, 그곳에서 제사 지내게 했습니다. 이때 여로보암이 유다의 절기와 비슷하게 절기를 새로 정하고, 자기가 지은 산당의 제사장을 마음대로 세웠습니다. 그가 모든 것을 "자기 마음대로 정한"(왕상 12:33) 것입니다. 바로 여기서 '지어내다'로도 번역되는 히브리어 단어가 쓰였습니다. 사실을 왜곡해서 일을 꾸미는 것이 절기를 마음대로 정하는 것만큼이나 하나님 앞에서 악한 일임을 보여 줍니다.

하나님을 경외하는 삶의 원칙

산발랏은 왜 그렇게까지 느헤미야를 죽이려고 했을까요? 느헤미야의 생명을 앗아 가려고 애쓰는 산발랏의 악이 끔찍하지 않습니까?

　앞서 살펴봤듯이, 산발랏은 느헤미야가 예루살렘의 총독으로 부임해 오자 자기 밥그릇을 빼앗길까 봐 불안해하며 자기 권력이 흔들릴까 봐 두려워했습니다. 느헤미야가 오기 전까지는 예루살렘 성벽이 없으니 얼마든지 휘젓고 다니며 노략할 수 있었는데, 성벽이 세워지고 나면 더는 마음대로 할 수 없을 테니 못마땅할 수밖에 없었을 것입니다. 그래서 성벽 재건을 방해하기 위해 온갖 모략을 펼치기 시작했던 것입니다.

그런데 한낱 개인의 욕심으로 불거진 불만이 왜 한 사람의 생명을 노리는 증오로까지 증폭되었을까요? 악은 눈덩이와도 같기 때문입니다. 처음에는 마음속에 작은 악이 깃들지만, 그것을 계속해서 굴리고 또 굴리면 점점 커져서 나중에는 자기 힘으로도 통제하지 못하는 거대한 악이 됩니다. 작은 악이라도 경계해야만 하는 이유가 바로 이것입니다.

어느 순간, 산발랏은 자신이 왜 그렇게까지 느헤미야를 미워하게 되었는지 잊었을 수도 있습니다. 예수 그리스도가 십자가에 달려 하신 말씀을 기억해 보십시오. "아버지 저들을 사하여 주옵소서 자기들이 하는 것을 알지 못함이니이다"(눅 23:34). 우리 주변에서 자신이 어떤 일을 하는지도 모른 채, 말을 함부로 하거나 다른 사람을 향해 비난의 화살을 던지는 사람을 종종 봅니다. 바로 산발랏이 그랬습니다. 산발랏은 자신이 어떤 악한 일을 벌이고 있는지도 알지 못하고, 자신이 하나님을 대적하는 악이 되었다는 사실조차 모른 채 오로지 느헤미야를 해치는 데 혈안이 되었습니다. 이렇듯 악은 눈송이가 굴러서 눈덩이가 되듯이 점점 커지기 마련입니다. 그러다가 결국 심판받는 것이 하나님 나라의 이치입니다.

느헤미야에게는 산발랏의 제안을 거절하기가 쉽지 않은 상황이었을 것입니다. 그가 오노 평지를 가지 않겠다고 했을 때, 참모들끼리 내분이 일어났을 수도 있습니다. 느헤미야가 하는 일을 부하들이 모두 찬성했으리라고 생각하지 마십시오. 느헤미야 때문에 돈을 못 번 사람도 있을 수 있고, 이전에 벌었던 돈을 내놓아야 했던 사람도 있을 수 있습니다. 타지에서 살다 온 총독 때문에 불이익을 당하게 되었다고 생각하는 사람들이 있었다면, 느헤미야에게 반감을 느꼈을 수밖에 없을 것입니다. 그 마음이 구르고 굴러서 점점 커지는 것이 문제입니다.

그런 상황에서 느헤미야는 하나님께 "이제 내 손을 힘 있게 하옵소서"(느 6:9하) 하고 기도하며 결단합니다. 그도 그럴 것이, 기도 외에는 다른 방법이 없지 않습니까? 그의 기도에서 "하나님, 제게 힘을 주시면, 이 일을 끝까지 마치겠습니다"라는 결연한 자세가 엿보입니다. 짧지만, 아주 중요한 기도입니다. 느헤미야의 길을 따라가려면 꼭 배워야 할 기도입니다.

하나님이 하시는 일은 하나님의 능력으로만 완성할 수 있습니다. 느헤미야가 걷는 길은 외로운 길입니다. 매 순간 판단하기가 쉽지 않습니다. 그러나 기도하고 또 기도하면서 함께하는 사람들의 도움으로 그 길을 가는 것입니다.

오늘날 느헤미야가 되어 무너진 이 세대를 다시 세우고자 한다면, 하나님을 경외하는 마음으로 삶의 원칙을 따라야 합니다. 그렇게 할 때, 하나님이 우리 손이 하는 일에 복을 주실 것입니다. 느헤미야처럼 살기란 쉽지 않습니다. 산발랏처럼 악을 키우는 무리가 곳곳에서 해치려고 하기 때문입니다. 그럴 때마다 하나님께 우리 손을 힘 있게 해달라고 기도해야 합니다.

산발랏의 계략이 무산된 뒤에 "므헤다벨의 손자 들라야의 아들 스마야"(느 6:10)가 두문불출하는 일이 생깁니다. 스마야는 제사장입니다. 대개 사람들은 제사장이 모습을 드러내지 않으면, 어디선가 하나님과 깊은 교제를 나누고 있을 것으로 생각합니다. 어느 날부터 스마야가 보이지 않자 느헤미야가 그의 집을 찾아갑니다. 아마도 느헤미야와 깊은 관계를 맺은 사이일 것입니다. 그가 친히 찾아가서 어디

아픈 곳은 없는지 안부를 물을 정도이니 말입니다. 그러나 오히려 스마야가 그의 안부를 묻는 느헤미야를 걱정하며 이렇게 말합니다. "총독이시여, 혹여라도 계속 그렇게 있다가 저 산발랏 무리에게 해를 입으시지나 않을지 걱정됩니다. 그들이 자객을 보내서 암살할지도 모릅니다."

그러면서 이렇게 대안을 제시합니다. "나와 함께 하나님의 전으로 가서 외소 안에 들어가 피해 있는 것이 어떻겠습니까?"(느 6:10 참조) 아마 이런 말도 덧붙였을 것입니다. "총독께서 해를 입으시면 하나님의 귀한 사역이 중단될 것입니다. 무엇보다도 총독의 안전이 중요합니다." 그런데 느헤미야는 "들어가지 않겠노라"(느 6:11) 하고 단호하게 말합니다.

사실 느헤미야는 스마야의 말을 무겁게 받아들일 수도 있었습니다. 스마야는 제사장이고, 평소에 신뢰하는 관계였기 때문입니다. 게다가 그가 며칠 두문불출하는 동안에 열심히 기도했는지도 모르기 때문입니다.

그러나 느헤미야는 그가 도비야와 산발랏에게서 뇌물을 받고 자신에게 거짓 예언을 한다는 사실을 알아챘습니다. 그의 제안을 거절한 뒤에 생각합니다. 도비야와 산발랏이

스마야에게 뇌물을 준 까닭은 그를 두렵게 하고, 그렇게 함으로써 하나님의 전을 범하는 죄를 짓게 하여 악한 말로 그를 헐뜯으려는 속셈이라고 말입니다(느 6:13 참조).

"외소"란 성소를 가리킵니다. 민수기 18장에 보면, 여호와께서 성소에 "가까이하는 외인은 죽임을"(민 18:7) 당할 것이라고 경고하셨습니다. 성소는 제사장만이 들어갈 수 있으며, 일반인이 들어갔다가는 죽게 될 것입니다. 그래서 느헤미야가 "나 같은 자가 어찌 도망하며 나 같은 몸이면 누가 외소에 들어가서 생명을 보존하겠느냐"(느 6:11)고 반문한 것입니다.

그런데도 외소에 들어간다면, 하나님 나라의 법을 어기는 자가 되는 것입니다. 그러면 사람들은 악한 말로 느헤미야를 비방할 것입니다. "총독이 무서워서 성소에 숨었다잖아. 하나님의 일을 하는 사람이 하나님 나라의 법을 어기다니, 이게 말이 되는 소리야? 백성들이 불쌍하다 불쌍해. 하나님이 우리 민족에게 복을 주시겠느냐 말이야."

만약에 느헤미야가 스마야의 말대로 하나님의 전으로 가서 외소 안에 숨었다면, 백성들은 그들의 지도자가 산발랏의 무리를 두려워하여 숨었다고 생각할 것입니다. 백성들의 사기가 떨어질 것입니다. 총독이 무서워서 숨을 정도면, 백성들은 어떻게 바깥을 돌아다닐 수 있겠습니까? 성벽을 재건하는 일은 더 이상 진행되기 어려웠을 것입니다.

72년의 좌절을 딛고 52일 만에 성공하다

느헤미야는 오노 평지에서 만나자는 산발랏의 제안이 함정인 것을 눈치챘고, 믿을 만하다고 여겼던 제사장 스마야의 조언도 거짓임을 금세 깨달았습니다. 짧은 순간에 제대로 분별한 것입니다. 느헤미야는 잘 깨닫는 사람이었습니다. 이것이 우리가 본문에서 배울 첫 번째 메시지입니다.

느헤미야는 어떻게 잘 깨달을 수 있었을까요? 첫째, 그는 기도하는 사람이었기 때문입니다. 그는 아닥사스다왕 앞에서도 하늘의 하나님께 묵도했고, 주변의 적들이 공격하는 순간에도 내 손을 힘 있게 해 달라고 하나님께 기도했습니다.

둘째, 그는 말씀의 사람이었습니다. 말씀을 모르는데, 성소에 들어가면 안 된다는 하나님의 명령을 무슨 수로 알겠습니까? 성소는 제사장들만 들어갈 수 있으니, 자신은 그곳에 들어갈 수 없다고 어떻게 말하겠습니까?

결국 말씀과 기도로 무장해야만 어떤 유혹에도 함정에 빠지지 않고, 깨달음을 얻을 수 있습니다. 이것은 단순하지만, 가장 중요한 원리입니다. 결정적인 순간에 깨달아 분별할 줄 아는 은혜가 임하기를 바랍니다.

느헤미야는 산발랏의 무리뿐 아니라 "여선지 노아댜와 그 남은 선지자들"(느 6:14)에게서도 공격을 받았습니다. 하나님의 일을 맡은 사람들조차 느헤미야를 방해한 것입니다. 성벽을 두 군데나 맡아서 열심히 수축했던 "베레갸의 아들 므술람"(느 3:4, 6)이 도비야와 사돈을 맺은 것처럼 그들도 양다리 인생을 살았습니다. 한쪽에서는 성벽 재건에 열심을 보이고, 다른 쪽에서는 "어쩔 수 없어서 하긴 하는데, 성벽이 다시 세워지겠어? 분명히 총독의 뜻대로는 안 될 걸"이라고 말하며 비웃는 사람들입니다.

성경의 기록에 따르면, "성벽 역사가 오십이일 만인 엘룰월 이십오일에"(느 6:15) 끝났습니다. 그동안 꽤 많은 일이 있었는데, 마치고 나니 겨우 52일이 걸렸다는 사실이 놀랍습니다. 한편으로는 참 허무하다는 생각이 들기도 합니다. 스룹바벨 성전이 완공된 것이 B.C. 516년이고, 느헤미야가 성벽을 재건한 것이 B.C. 444년이니 72년 동안이나 하지 못했던 일을 단 52일 만에 마쳤다는 뜻 아닙니까? 마음만 먹으면 50여 일 안에 끝낼 수 있는 일을 왜 그동안 하지 못했을까요?

물론 성벽 수축에 걸린 기간이 52일이고, 유대 역사가 요세푸스의 기록에 따르면, 그 후에 길을 닦고 외부 장비까지 갖추어 최종 완성하는 데 2년 4개월이 걸렸다고 합니다. 하지만 52일과 72년을 비교하니 허무감이 크게 밀려옵니다.

짐작해 보건대, 아마도 유다 백성들은 그동안 패배 의식에 사로잡혀 살았을 것입니다. 게다가 므술람이나 여선지 노아댜와 같이 양다리를 걸친 사람들이나 내부 분열을 일으키는 사람들 때문에 더욱 어려웠을 것입니다. 자기 밥그릇을 챙기려는 욕심과 이기주의로 52일이면 끝날 일을 72년간 못했던 것입니다.

하나님의 일을 하면 수많은 공격을 받기 마련인데, 그중에서 내부 분열은 좀체 해결하기가 쉽지 않습니다. 그러나 느헤미야처럼 늘 기도와 말씀으로 무장한다면, 하나님이 깨달음을 주셔서 어려운 상황을 헤쳐 나갈 수 있게 도우실 것입니다.

하나님 나라를 위해 어떤 일이든 결단하고 나아갈 때, 하나님이 이루어 주실 것입니다. 그러니 지레 겁먹지 말고, 믿음으로 나아가십시오. 그러면 72년 동안 이루지 못했던 일도 52일 만에 끝낼 수 있습니다. 믿음으로 나아갈 때, 유혹이 다가오면 하나님이 깨닫게 해 주실 것이고, 앞에 함정이 놓여 있으면 하나님이 피할 길을 열어 주실 것입니다. 하나님의 일은 하나님의 시간에 이루어질 것을 믿으십시오.

단단한 삶의 자리를 위한 질문

- 하나님을 경외하는 사람의 삶의 모습은 어떠합니까?

_____

- 주의 일을 할 때 주님이 선하게 이뤄 주신 경험이 있습니까?

_____

11

말씀은 반드시
이루어집니다

✳

이와 같이 제사장들과 레위 사람들과 문지기들과
노래하는 자들과 백성 몇 명과 느디님 사람들과 온
이스라엘 자손이 다 자기들의 성읍에 거주하였느
니라

느헤미야 7:1-73

우리는 자신이 신뢰하는 사람이 기도 끝에 권면하는 말을 한다면 귀를 기울일 수밖에 없습니다. 게다가 그 사람이 하나님의 일을 하는 사람이라면 더욱 그럴 것입니다. 그의 말이 과연 하나님의 뜻인지 아닌지 고민하게 됩니다. 누구나 빠질 수 있는 딜레마입니다. 느헤미야가 두문불출하던 제사장 스마야를 찾아갔을 때, 바로 그런 딜레마에 빠졌습니다.

하나님의 뜻이 상충하는 것처럼 보일 때, 어떤 일이 벌어지고, 그것을 잘못 해석하면 어떤 결과가 나타나는지를 열왕기상 13장에서 찾아볼 수 있습니다.

열왕기상 13장의 교훈

솔로몬의 아들 르호보암 때 이스라엘은 남 왕국과 북 왕국으로 분열됩니다. 그때 북이스라엘을 이끌었던 여로보암의 고민은 예루살렘이었습니다. 나라는 분열되었지만 백성들은 여전히 예루살렘으로 예배드리러 갔기 때문입니다. 그래서 그가 어떻게 했는지는 앞서 살펴보았습니다. 그는 하나님 앞에서 죄를 범합니다. 단과 벧엘에 금송아지를 세우고, 레위 지파가 아닌 사람들을 제사장으로 삼았습니다.

바로 그때 하나님이 유다에 있는 하나님의 사람에게 말

쏨하십니다. "여로보암 왕을 찾아가서 나 여호와가 그를 벌할 것을 선포하라."

하나님의 사람이 유다에서 벧엘로 여로보암을 찾아갔을 때, 마침 그는 금송아지 앞에서 제사를 지내고 있었습니다. 여로보암 앞에서 하나님의 사람이 "제단아 제단아 여호와께서 이와 같이 말씀하시기를 다윗의 집에 요시야라 이름하는 아들을 낳으리니 그가 네 위에 분향하는 산당 제사장을 네 위에서 제물로 바칠 것이요 또 사람의 **뼈**를 네 위에서 사르리라 하셨느니라 … 이는 여호와께서 말씀하신 징조라 제단이 갈라지며 그 위에 있는 재가 **쏟아지리라**"(왕상 13:2-3) 하고 저주를 퍼붓습니다. 그의 말인즉슨 "이 제단은 완전히 망할 것이고, 여기서 제사를 이끌었던 제사장들의 뼈가 제단 위에서 다 불살라질 것"이라는 것입니다.

그런 저주의 말을 들으니 여로보암이 얼마나 화가 났겠습니까? 그는 즉시 손을 펴서 "저놈을 잡아라" 하고 외쳤는데, 바로 그 순간에 하나님이 그의 손을 쳐서 마르게 하셨습니다. 그는 편 손을 다시 오므리지 못했습니다. 여기서 손이 말랐다는 것은 요즘 말로 하면 중풍에 걸렸다는 뜻입니다.

결국 여로보암은 겁에 질려서 하나님의 사람에게 "청하

건대 너는 나를 위하여 네 하나님 여호와께 은혜를 구하여 내 손이 다시 성하게 기도하라"(왕상 13:6)고 요청합니다. 하나님의 사람이 기도하니 그때서야 손이 나왔습니다. 여로보암이 그에게 "나와 함께 집에 가서 쉬라 내가 네게 예물을 주리라"(왕상 13:7) 하고 제안했지만, 하나님의 사람이 이렇게 대답합니다. "왕께서 왕의 집 절반을 내게 준다 할지라도 나는 왕과 함께 들어가지도 아니하고 이곳에서는 떡도 먹지 아니하고 물도 마시지 아니하리니 이는 곧 여호와의 말씀이 내게 명령하여 이르시기를 떡도 먹지 말며 물도 마시지 말고 왔던 길로 되돌아가지 말라 하셨음이니이다"(왕상 13:8-9).

얼마나 단호한 말입니까. 여기까지는 모든 것이 제대로 돌아갔습니다. 그런데 벧엘에서 일어난 이 일이 소문이 퍼져 근처에 살던 늙은 선지자에게도 전해집니다. 늙은 선지자가 아들들에게 그 하나님의 사람을 만나러 가야겠으니 나귀에 안장을 지우라고 말합니다. 서둘러 하나님의 사람의 뒤를 쫓아 상수리나무 아래에 앉아서 쉬고 있는 그를 만났습니다. 그는 아무것도 먹지 않고, 마시지도 않은 채 돌아가던 중이었습니다. 늙은 선지자가 그에게 말을 건넵니다. "우리 집에 갑시다. 배고플 텐데, 내가 대접하겠소." 그러자 그가 말했습니다. "안 됩니다. 하나님이 떡도 먹지 말고, 물도 마시지 말고, 오던 길을 되돌아가지도 말라고 하셨습니다." 그러자 늙은 선지자가 이렇게 말합니다. "나도 그대와 같은 선지자라 천사가 여호와의 말씀으로 내게 이르기를 그를 네 집으로 데리고 돌아가서 그에게 떡을 먹이고 물을 마시게 하라"(왕상 13:18).

하나님의 사람에게는 먹지도 말고 마시지도 말고 돌아가지도 말라고 하신 하나님이 늙은 선지자에게는 그에게 도로 데려다가 떡을 먹이고, 물을 마시게 하라고 말씀하셨다는 것입니다. 하나님의 뜻이 충돌하고 있습니다. 그러나 성경은 늙은 선지자가 하나님의 사람을 속인 것이라고 기록합니다(왕상 13:18 참조).

"나도 그대와 같은 선지자"라는 말에 마음을 움직였는지 아니면 여호와의 말씀이 늙은 선지자에게도 임했다고 생각했는지는 모르겠지만, 하나님의 사람은 그와 함께 돌아가서 그의 집에서 떡을 먹고 물을 마시며 쉬었습니다.

그러나 그들이 상에 앉아 먹고 있을 때, 여호와께서 늙은 선지자를 통해 하나님의 사람에게 말씀하셨습니다. "네가 여호와의 말씀을 어기며 네 하나님 여호와께서 네게 내리신 명령을 지키지 아니하고 돌아와서 여호와가 너더러 떡도 먹지 말고 물도 마시지 말라 하신 곳에서 떡을 먹고 물을 마셨으니 네 시체가 네 조상들의 묘실에 들어가지 못하리라"(왕상 13:21-22). 무시무시한 말씀입니다. 결국 하나님의 사람은 집으로 돌아가는 길에 사자에게 물려 죽었습니다.

하나님의 말씀을 분별하기

이 이야기는 성경의 수많은 난제 중 하나입니다. 하나님의 사람을 속여 시험한 늙은 선지자는 아무런 징계도 받지 않았기 때문입니다. 심지어 사자에게 물려 죽은 하나님의 사람의 시신을 자기 성읍으로 옮겨 장사를 지내 주기까지 합니다. "늙은 선지자가 하나님의 사람의 시체를 들어 나귀에 실어 가지고 돌아와 자기 성읍으로 들어가서 슬피 울며 장사하되 곧 그의 시체를 자기의 묘실에 두고 오호라 내 형제여 하며 그를 위하여 슬피 우니라 그 사람을 장사한 후에 그가 그 아들들에게 말하여 이르되 내가 죽거든 하나님의 사람을 장사한 묘실에 나를 장사하되 내 뼈를 그의 뼈 곁에 두라"(왕상 13:29-31).

이 늙은 선지자는 하나님의 사람이 여로보암의 제단 앞에서 하나님이 "네 위에 분향하는 산당 제사장을 네 위에서 제물로 바칠 것이요 또 사람의 뼈를 네 위에서 사르리라"(왕상 13:2하)하고 선포한 대로, 훗날 산당에 제사한 제사장들이 제물이 되고, 그 뼈가 불살라질 것을 염려하여 하나님의 사람의 시신을 자기 묘실에 두면, 자기 뼈는 안전하지 않을까 하고 생각했을 것입니다.

열왕기하 23장을 보면, 훗날 실제로 요시야가 하나님의 사람이 예언한 대로 여로보암의 산당을 헐고 불사르게 되는데, 하나님의 사람의 묘실만은 "그대로 두고 그의 뼈를 옮기지 말라"(왕하 23:18)고 했습니다.

결국 거짓말을 했던 늙은 선지자는 이 땅에서 잘 먹고 잘살았을 뿐만 아니라 죽어서도 평안하게 묻힌 것입니다. 하나님의 말씀을 제대로 전했던 사람은 마지막 순간에 속아서 비참하게 당했는데 말입니다.

하나님의 뜻이 충돌하는 것처럼 보일 때, 우리는 무엇을 기준으로 분별해야 할까요? 첫째, 나에게 말씀하신 하나님이 그에게도 말씀하셨다면, 대개는 똑같은 말씀을 나에게도 하실 것입니다. 물론 다른 사람을 통해서 말씀하실 때도 있지만, 그럴 때는 대부분 내가 하나님의 말씀을 잘못 알아들었거나 잘못 해석했을 경우입니다.

언젠가 어떤 사람이 우리 교회에서 기도하다가 하나님의 음성을 들었다면서 부목사님을 통해 제게 쪽지를 전해 주었는데, 제가 대장암 말기라는 하나님의 음성을 들었다는 내용이었습니다. 물론 저는 그때나 지금이나 건강합니다. 만일 정말로 제가 대장암 말기라서 하나님이 알려 주시려고 했다면, 제게 직접 말씀해 주시지 않았겠습니까? 왜 굳이 낯선 사람을 통해 말씀하셨겠습니까?

하나님의 말씀을 대할 때, 주의할 점은 하나님의 뜻을 주관적으로 자기에게만 적용해야지 객관화하면 안 된다는 것입니다. 객관화한다는 것은 다른 사람에게 공개한다는 뜻입니다. 하나님이 내게 말씀하신 것은 나더러 씨름하라는 것이지 이것을 공개해 객관화하라는 말씀이 아님을 명심해야 합니다.

하나님의 사람은 하나님의 말씀을 받았고, 늙은 선지자는 자기 나름대로 해석하여 하나님의 사람을 속였습니다. 진짜로 하나님의 말씀을 받은 사람이 가짜에게 넘어간 것입니다.

마치 이 시대의 모습을 보는 것 같지 않습니까? 하나님의 말씀을 받은 사람들이 신천지에게 넘어갑니다. 신천지의 교주는 잘 먹고 잘살고 있습니다. 하나님의 말씀을 받은 줄 알고 속은 사람들의 삶이 얼마나 처참해지는지 흔히 볼 수 있습니다.

여로보암은 하나님의 사람에게서 여호와의 경고를 들은 후에도 악한 길에서 떠나지 않았습니다. 하나님은 그에게 "죄가 얼마나 무서운 것인지 보아라. 이 땅에서 잘 먹고 잘사는 것을 선택할 것인가? 아니면 하나님의 심판을 두려워하면서 살 것인가?" 하고 말씀하셨지만, 그는 이 땅에서 잘 먹고 잘사는 편을 선택한 것입니다.

성경은 하나님을 속이면서 마지막까지 잘 먹고 잘살았던 늙은 선지자를 여로보암에 견주고 있습니다. 그러면서 동시에 하나님의 말씀을 떠난 사람이 어떤 심판을 받느냐를 하나님의 사람을 통해 보여 줍니다. 이것이 우리에게 주는 가장 큰 교훈입니다.

우리의 깨달음이 자기 생각과 마음에서 나오지 않고, 오직 하나님의 말씀을 붙잡는 믿음에서 나오기를 바랍니다. 하나님의 심판을 두려워함으로써 자신에게 주어진 삶의 길을 지혜롭게 걸어가십시오. 이 시대에는 느헤미야와 같은 분별력이 필요합니다. 그런 분별력을 갖기 위해서는 나에게 말씀하신 하나님의 뜻을 우선적으로 따르고, 말씀과 기도뿐 아니라 신학적인 훈련도 받아야 합니다. 진짜가 가짜에게 속아 넘어가는 시대입니다. 신비주의를 내세운 휘황찬란한 말보다는 하나님의 말씀을 자신에게 올바로 적용하는 훈련이 필요합니다.

반드시 이루어지는 언약의 성취

느헤미야서 7장은 에스라서 2장과 거의 비슷합니다. 원래 히브리 성경에는 에스라서와 느헤미야서가 한 권으로 되어 있었습니다. 그래서 한 권의 성경에 같은 이름들이 두 번씩 나오는 것입니다.

그 이름들은 1차 포로 귀환 때인 B.C. 537년에 스룹바벨이 이끌고 돌아왔던 사람들의 이름입니다. 에스라는 B.C. 458년에, 느헤미야는 B.C. 444년에 예루살렘으로 돌아왔습니다. 에스라가 돌아왔을 때는 먼저 돌아온 사람들이 성전을 재건했던 이야기를 기록할 필요가 있어서 에스라서 1장부터 6장까지 1차 포로 귀환 때의 이야기를 기록했습니다.

그것을 모른 채 에스라서를 읽으면, 시기적으로 혼란스러울 수 있습니다. 고레스에 의해서 포로가 돌아오는데, 4장에서 갑자기 아하수에로, 아닥사스다 시대의 이야기가 끼어들기 때문입니다.

우리는 에스라서 2장과 느헤미야서 7장에 왜 이 이름들이 등장하는지에 주목해야 합니다. 42,360명이라는 많은 사람이 한 책에서 두 번이나 나온 이유가 있지 않겠습니까? 학자들은 이름이나 숫자가 몇 개 정도 틀린 것은 필사 시점의 차이 때문이라고 말합니다. 그 이유는 열왕기상 13장에 나오는 사건과 같은 맥락입니다. 하나님이 하신 말씀은 반드시 이루어진다는 것입니다. 그들의 이름을 기록하여 증거로 삼는 것입니다. 바벨론에 포로로 끌려간 백성들이 70년 후에 돌아오리라고 말한 예레미야의 예언의 증거로 말입니다.

실제로 70년 후, B. C. 537년에 1차 포로 귀환이 이루어집니다. 여기서 70년이라는 것은 유다가 멸망한 B. C. 587년부터를 말하는 것이 아닙니다. 다니엘이 포로로 잡혀간 여호야김 왕 때부터 계산하여 70년입니다. 에스라와 느헤미야는 "봐라. 하나님이 예레미야를 통해서 70년이 지나면 예루살렘으로 돌아올 것이라고 말씀하신 약속이 이루어졌다. 중인의 이름이 이렇다"라고 그 중인들을 기록한 것입니다. 이처럼 하나님의 말씀은 반드시 이루어집니다. 이것이 그 증거입니다.

그리고 이 이름들이 주는 의미가 또 하나 있습니다. 그것은 요한계시록 20장에서 찾을 수 있습니다. "또 내가 보니 죽은 자들이 큰 자나 작은 자나 그 보좌 앞에 서 있는데 책들이 펴 있고 또 다른 책이 펴졌으니 곧 생명책이라 죽은 자들이 자기 행위를 따라 책들에 기록된 대로 심판을 받으니"(계 20:12). 또 한 구절도 살펴봐야 합니다. "누구든지 생명책에 기록되지 못한 자는 불못에 던져지더라"(계 20:15).

갑자기 생명책을 이야기하는 것이 의아하게 여겨집니까? 하지만 이름이 기록되어 있다는 공통점을 생각해 볼 수 있습니다. 바벨론에 포로로 끌려갔던 사람들이 예루살렘으로 돌아왔을 때, 그들의 이름이 기록되었습니다. 요한계시록 21장에는 새 예루살렘을 이야기합니다. "또 내가 새 하늘과 새 땅을 보니"(계 21:1상). "또 내가 보매 거룩한 성 새 예루살렘이 하나님께로부터 하늘에서 내려오니"(계 21:2상).

새 예루살렘에는 누가 들어갑니까? 생명책에 이름이 기

록된 사람들이 들어갑니다. 그래서 성경은 에스라와 느헤미야를 통해서 예루살렘에 돌아온 사람들의 이름을 기록하면서 예루살렘에 이런 사람들이 들어갔으며, 마찬가지로 하나님 나라가 온전히 이루어질 마지막 때에 생명책에 기록된 사람들이 새 예루살렘에 들어가게 된다는 것을 지금 우리에게 보여 주고 있는 것입니다.

그렇다면 생명책에 이름이 기록될 사람들은 누구입니까? 새찬송가 288장 "예수를 나의 구주 삼고"의 가사는 이렇습니다. "예수를 나의 구주 삼고 / 성령과 피로써 거듭나니 / 이 세상에서 내 영혼이 / 하늘의 영광 누리도다." 예수를 나의 구주로 삼고 성령과 피로 거듭난 우리의 이름이 생명책에 기록되어 있고, 새 예루살렘 성의 백성이 되는 줄 믿습니다. 반드시 이루어질 하나님의 말씀에 순종하며 살아가는 하루하루가 될 수 있기를 소원합니다.

느헤미야서 7장에 나오는 많은 이름의 의미는 하나님의 말씀은 반드시 이루어진다는 것입니다. 예레미야가 예언했던 포로 귀환은 정확히 이루어졌고, 그 이름들이 언약 성취의 증거입니다. 또한 느헤미야와 에스라가 기록한 이름들이 예루살렘에 들어간 것이 마지막 때의 예표가 되어, 새 예루살렘에 들어갈 사람들이 요한계시록의 생명책에 기록되어 있다는 것을 보여 줍니다.

단단한 삶의 자리를 위한 질문

- 하나님의 뜻이 충돌하는 것처럼 보일 때 어떻게 분별해야 합니까?

- 말씀을 바르게 적용하기 위해 삶에서 어떤 훈련이 필요합니까?

---

12)

하나님을 기뻐하는 것이
우리 힘입니다

*

느헤미야가 또 그들에게 이르기를 너희는 가서 살
진 것을 먹고 단 것을 마시되 준비하지 못한 자에게
는 나누어 주라 이날은 우리 주의 성일이니 근심하
지 말라 여호와로 인하여 기뻐하는 것이 너희의 힘
이니라 하고

느헤미야 8:1-12

느헤미야서 8장은 성벽 재건 후에 백성들이 모여서 하나님의 말씀을 듣고 예배한 모습을 그리고 있습니다. 그날이 칠월 초하루라고 말하고 있는데, 종교력으로 치면 칠월은 중요한 달입니다. 칠월 초하루는 나팔절이고, 초막절도 칠월에 있기 때문입니다. 우리 달력으로는 9월이나 10월이 칠월이라고 할 수 있습니다.

8장의 본문은 두 가지 주제로 살펴볼 수 있습니다. 첫째는, 온전한 예배자의 자세, 즉 하나님을 어떻게 예배해야 하는지에 대한 자세를 배울 것입니다. 둘째는, 사회적 거리 두기를 실천해야 하는 시대에 온라인으로 예배드리는 성도들이 어떤 마음가짐을 가져야 할지 살펴볼 것입니다.

예배를 향한 그리움과 열망

"이스라엘 자손이 자기들의 성읍에 거주하였더니 일곱째 달에 이르러 모든 백성이 일제히 수문 앞 광장에 모여 학사 에스라에게 여호와께서 이스라엘에게 명령하신 모세의 율법책을 가져오기를 청하매"(느 8:1).

에스라는 느헤미야보다 14년 앞서 먼저 도착한 사람입니다. 그런데 느헤미야가 돌아와서 열심히 성벽을 재건할 때는 모습이 보이지 않았습니다. '그때 에스라가 좀 도와주면 좋았을 텐데' 하고 생각할 수 있는데, 학자들은 그 시기에 에스라가 유다 땅을 떠나 있었을 것이라고 추측합니다. 어쨌든 중요한 것은 백성들이 하나님의 말씀을 듣기 원했다는 것입니다. "말씀을 들려주세요. 하나님의 말씀이 듣고 싶습니다." 그들은 말씀에 대한 갈망이 있었습니다.

"모든 백성이 일제히" 청했습니다. '같은'이라는 의미의 '일제히'라는 말이 우리에게 잘 와닿지 않습니다. 그런데 영어 성경을 보면, "all the people came together as one"이라고 표현되어 있습니다. 'as one'이라는 것은 그 수많은 백성이 한 사람인 것처럼, 모든 백성이 한마음으로 하나님의 말씀을 열망했다는 것입니다. 같은 목적, 같은 뜻, 같은 마음으로 하나님의 말씀을 사모한 모습을 'as one'이라는 단어에서 보게 됩니다. 코로나19 사태 이후 사회적·생활 속 거리 두기를 실천하면서 예배드리는 전 성도의 마음이 이와 같지 않겠습니까?

"하나님, 성전이 그립습니다. 모이고 싶습니다. 한곳에 모여 예배드리고 싶습니다." 예배자가 가져야 할 말씀에 대한 열망, 이 마음을 잊지 말아야 합니다. 혹시 나중에 5년, 10년 후에 우리가 시험이 들거나, 때로 우리 신앙이 식어갈 때, 지금 이 시기에 하나님의 전을 사모했던 그 마음을 기억한다면, 우리는 회복할 수 있을 것입니다. 이스라엘 백성들은 먼저 말씀을 듣기 원했습니다. 이 열망의 마음을 잊지 마십시오.

그러고 나서 모이는 사람들을 "남자나 여자나 알아들을 만한 모든 사람"(느 8:2, 3)이라고 표현합니다. 아마 그들끼리도 그렇게 다 모인 것이 놀랍지 않았을까 싶습니다. 그렇게 한마음으로 모였는데 3절에 보니 "새벽부터 정오까지" 대략 6시간 동안 말씀에 귀를 기울였다는 것입니다.

그때, 그 백성들처럼 교회에 다 함께 모인 것이 너무 기쁜 나머지 제가 만약 6시간 동안 설교를 하면, 성도들이 어떤 반응을 보일지 궁금합니다. 그런데 그 백성들은 6시간을 집중했다는 것입니다. 이 이야기에 문득 어느 목사님이 음악회를 가셨다가 하신 말씀이 떠올랐습니다. "아…. 나는 50년을 설교했는데, 설교 끝나고 한 번도 앙코르를 들어본 적이 없는데, 저분은 노래 조금 부르고도 앙코르가 나오네요."

물론 설교가 끝나고 앙코르가 나오는 것도 웃긴 이야기이지만, 우리가 이 시대에 너무 바쁘다는 이유로 예배 시간 한 시간, 25분 설교, 이 시간이 넘으면 큰일 나는 듯이 생각하는 우리의 모습을 한번 돌아볼 필요가 있습니다.

말씀 앞에 서서 감격하다

백성들이 말씀을 어떻게 대했는지 그 태도가 3절에도 계속 나옵니다. "모든 사람 앞에서 읽으매 뭇 백성이 그 율법책에 귀를 기울였는데." 여기에 '귀를 기울였다'는 표현과 똑같은 원어가 출애굽기 32장에도 나옵니다. 모세가 십계명을 받고 이렇게 말합니다. "그 판은 하나님이 만드신 것이요 글자는 하나님이 쓰셔서 판에 새기신 것이더라"(출 32:16).

이 문장에서 쓴 판에 '새기다'라는 말이 '귀를 기울였다'라는 말과 같은 단어로 사용되었습니다. 그러니까 느헤미야 시대의 백성들은 지금 이 율법을, 이 말씀을 그들의 마음 판에 '새기고 있다'는 것입니다. 하나님의 말씀에 귀를 기울인다는 것은 우리의 영혼에 말씀을 새긴다는 말입니다.

그다음 백성들의 모습이 5절에 이어집니다. "에스라가 모든 백성 위에 서서 … 책을 펴니 … 모든 백성이 일어서니라." 지금도 이 말씀을 근거로 어떤 교회는 주일 예배에서 성경을 봉독할 때 성도들을 다 일어나게 하기도 합니다. '하나님의 말씀이 선포되는데 어찌 앉아서 들을 수 있느냐? 그것은 불경하다'라는 의미와 '내가 말씀을 받습니다'라는 의미로 하는 것입니다.

그리고 7, 8절을 보면 레위 사람들이 율법책을 낭독하고, 그 뜻을 해석하여 깨닫게 하였다는 말이 나오는데, 지금으로 말하면 설교했다는 뜻입니다. 하나님의 말씀을 읽고 해석하고 설교한 것입니다. 그곳에 몇만 명이 모여 있는데 별다른 음향 시설도 없고 말이 잘 전달되기 힘들지 않았겠습니까? 그러니까 레위 사람들이 백성들 사이에 서서 선포된 말씀을 해석해 준 것입니다.

매주 감격의 예배를 드리자

그리고 결정적인 장면이 9절에 나옵니다. "백성이 율법의 말씀을 듣고 다 우는지라." 이렇게 말씀 앞에서 통곡해 본 적이 있으십니까? 조상들이 죄를 지어서 그 죄로 인해 그들이 포로로 끌려갔는데, 하나님이 은혜를 베푸셔서 끝내 다시 돌아온 그 감격과 감사의 눈물이 말씀에서도 넘쳐납니다. 성전과 성벽이 모두 재건된 예루살렘에 모여서 예배 드린다는 감격의 눈물이 그들에게 있는 것입니다. 그런데 그들에게 느헤미야와 에스라와 레위 사람들이 이렇게 말합니다. "이제, 그만 울어라. 기쁜 날이다."

이 장면을 좀 더 쉽게 이해하기 위해 예를 들어 봅시다. 늙으신 어머니가 계십니다. 지난해에 큰 병을 앓으셔서 돌아가실 것이라 생각했는데 기적적으로 살아나셨습니다. 그리고 생신날이 되어 가족들이 모여 생일 케이크 앞에서 노래를 부르는데 자녀들이 울기 시작합니다. 그해 생신은 못 맞을 줄 알았는데 그렇게 잔치까지 하니까 눈물이 나지 않겠습니까. 그럴 때 아버지가 말씀하십니다. "그만 울어라. 오늘 기쁜 날이잖아. 엄마 생신을 살아서 맞이했으니 기쁜 날이잖아. 그만 울고, 우리 맛있는 음식 먹고 힘을 내자."

10절의 마지막에 나오는 느헤미야의 말은 그 아름다운 예배의 근본적인 힘이 무엇인지 알려 줍니다. "여호와로 인하여 기뻐하는 것이 너희의 힘이니라"(느 8:10하). 포로기 시절을 지나고 폐허였던 예루살렘을 다시 수축하고 다 함께 모여 드리는 예배 가운데 그들이 그렇게 기쁠 수 있었던 것은 오직 여호와 하나님 때문이었습니다.

이제 함께 모여 예배드릴 때마다 느헤미야서 8장 말씀을 기억해야 합니다. 매주 모이는 것에 감사합시다. 하나님께 예배드릴 수 있음을 기뻐합시다. 세상 사람들이 보고 이상하다고 할지라도 그런 감격의 예배를 드립시다. 매일 여호와로 인하여 기뻐하는 하루를 살기를 소망합니다.

성벽을 재건하고 함께 예배하는 이스라엘 사람들은 새벽부터 저녁까지 말씀에 귀를 기울이고 마음에 새겼습니다. 그들은 설교를 듣고, 모두 울었습니다. 느헤미야를 비롯한 지도자들은 그들에게 기쁜 날이니 울지 말라고, 여호와로 인하여 기뻐하는 것이 우리 힘이라고 말했습니다. 우리도 기쁨과 눈물로 감격의 예배를 드리면 좋겠습니다.

단단한 삶의 자리를 위한 질문

● 예배를 드리는 가장 중요한 이유는 무엇입니까?

....

● 당신이 드리는 예배에서 회복되어야 할 것이 있다면 무엇입니까?

....

13

옛 은혜를 기억하면
오늘이 기쁩니다

✳
사로잡혔다가 돌아온 회중이 다 초막을 짓고 그 안
에서 거하니 눈의 아들 여호수아 때로부터 그날까
지 이스라엘 자손이 이같이 행한 일이 없었으므로
이에 크게 기뻐하며

느헤미야 8:13-18

하나님의 말씀을 들으며 통곡했던 이스라엘 백성들이 말씀에 대한 사모함이 무척이나 컸나 봅니다. 8장 13절은 "그 이튿날"이라고 시작하는데 나팔절인 일곱째 달 초하루의 이튿날, 신기한 일이 생겼습니다. 그 전날 말씀을 들었던 지도자들이 에스라에게 나와서 말씀을 더 배우고 싶다고 말하는 것입니다. 아마 그 말을 들은 에스라는 어떤 것을 가르쳐 줄지 생각한 것 같습니다.

7월에는 중요한 절기가 둘 있는데 하나는 그들이 이미 지킨 나팔절이고, 다른 하나는 초막절입니다. 에스라는 곧 다가올 초막절 절기에 대한 말씀을 지도자들에게 가르쳐 주기 위해 "그럼, 우리가 초막절 절기를 지키자"고 제안합니다. 그 내용이 14-15절의 내용입니다. 그리고 16절에 준비하는 모습이 나옵니다. 레위기 23장을 보면 초막절은 7월 열다섯째 날부터 일주일간 지키도록 되어 있습니다. 그러니까 시간을 살펴보면 7월 2일에 백성의 지도자들이 에스라를 찾아갔고, 초막절은 7월 15일이니까 13일 동안 준비한 셈입니다. 그래서 이들이 초막절을 지키는데, "여호수아 때로부터 그날까지 이스라엘 자손이 이같이 행한 일"(느 8:17) 없었다고 말합니다. 물론 여호수아 이후에

도 초막절을 지킨 것이 성경에 나오지만 이렇게 전심으로
지킨 것은 처음이라는 말입니다.

사모하면 자원하는 마음이 생긴다

본문에서 하나님의 백성들이 가져야 하는 삶의 자세를 몇
가지 생각할 수 있습니다. 첫째로 말씀을 가르쳐 달라고
했던 백성들의 모습입니다. 이 시대에는 보기가 어려워서
참 신기하다고 표현할 수밖에 없는 장면입니다. 8장 1절에
서도 백성이 광장에 모여 에스라에게 모세의 율법책을 가
져오기를 청합니다. 백성들이 먼저 가르쳐 달라고 한 것입
니다. 13절에서도 마찬가지로 지도자들이 하나님의 말씀
을 밝히 알고자 나왔습니다. 특별히 하나님의 말씀에 대한
간절함과 사모함이 있었습니다.

　이와 같은 자발성이 우리에게 필요합니다. 억지로 하는
것이 아니고 시켜서 할 수 없이 하는 것도 아니라, 스스로
하고 싶은 것을 하겠다고 말하고, 알고 싶은 것을 가르쳐
달라고 말하는 자발성입니다. 하나님 나라 백성에게는 자
원하는 마음이 꼭 필요합니다.

　교회에서 봉사를 빼놓을 수는 없습니다. 그런데 끊임없

이 봉사하면서 지치는 사람이 생기기 마련입니다. 형편대로 쉬면서 에너지를 충전하여 자원하는 심령을 회복하면 좋겠습니다. 생활 속 거리 두기를 실천하다 보면, 예전처럼 사람들과 부대끼며 봉사할 수는 없지만, 하나님이 우리의 빈 시간을 유익한 휴식으로 채우시고 마음에 풍성한 양식을 주시리라 믿습니다.

재앙과 은혜 앞에 하나 됨을 체험하다

둘째로 우리가 살펴봐야 할 말은 8장에 가장 많이 등장하는 말입니다. 바로 "모든", 그와 비슷한 말인 "다", "뭇 백성이" 등과 같이 '모두 다'라는 의미의 단어들입니다. 즉 이스라엘 백성들은 하나님 앞에 예배를 드리고 말씀을 배우는 일에 모두 한마음이었다는 것입니다. 그리고 여기에서 모든 이스라엘 백성이 한마음으로 같은 체험을 하는 것을 보게 됩니다.

초막절은 이스라엘 백성들에게 아주 중요한 절기입니다. 초막절을 지키는 가장 큰 이유는 그들의 조상들이 광야의 초막에서 40년간 살면서 하나님께 지은 죄를 돌이켜보고, 그럼에도 불구하고 하나님은 그들에게 은혜를 베푸셨다는 것을 기억하기 위함입니다.

그런데 이 초막절이 또 하나의 중요한 메시지를 전해 줍니다. 이들이 초막절을 지키기 위해 지은 초막은 나뭇가지를 가지고 얼기설기 짓는 것입니다. 지붕이나 뜰이나 광장 같은 곳에 지었습니다. 즉 야외 취침입니다. 그렇게 지은 초막에 들어가 누우면 하늘도 보이고 별도 보일 것입니다. 그 초막은 남녀노소, 빈부귀천이 없었습니다. 고관도, 제사장도 초라한 초막에 눕는 것이지요. 아무리 돈이 많은 부자라도 스위트룸 초막을 지을 수는 없는 일 아니겠습니까? 그 초막 가운데서 이스라엘 백성들은 '우리는 모두가 하나님 앞에서 똑같은 하나님의 백성'임을 체험하는 것입니다. 모두가 한마음이 되어 초막절을 지키면서 그들의 하나 됨이 더욱 끈끈해졌을 것입니다.

우리를 괴롭히는 바이러스도 신분 고하를 막론하고, 성별이나 인종에 상관없이 찾아옵니다. 그 앞에서 우리는 인간의 연약함을 발견하게 되었습니다. 우리가 모두 '하나님 앞에서 은혜가 필요한 백성'이라는 것을 깨닫고, 한마음을 회복하는 기회가 되었습니다.

재앙은 어쩌면 다른 얼굴의 은혜

셋째로 느헤미야서 8장에서 우리는 또 하나 중요한 사실을 발견하게 됩니다. 이 예배에는 신기하게 제사가 나오지 않는다는 것입니다. 중요한 절기를 지나는데 양과 소를 잡는 제사가 기록되어 있지 않습니다. 솔로몬이 성전을 짓고 하나님께 봉헌할 때 얼마나 많은 제사를 지냈는지 우리는 성경을 통해 알고 있습니다.

B.C. 537년에 그들이 처음 귀환했을 때도 스룹바벨 성전을 건축하고 나서 에스라서 6장을 보면 수소 백 마리와 숫양 이백 마리, 어린양 사백 마리로 제사를 지내고 또 이스라엘 지파의 수를 따라 숫염소 열두 마리로 속죄제를 드렸다고 나옵니다. 그런데 느헤미야는 짐승이 아닌 하나님의 말씀으로 제사를 드렸다고 볼 수 있습니다. 즉 피를 흘리는 제사 중심의 신앙이 말씀 중심의 신앙으로 변화되어 나타나는 모습을 주목해야 합니다.

이스라엘 역사에서 성전의 제사가 왕성해지고 커질수록 이스라엘은 점점 제사의 본질적인 의미를 잃어 가고 형식화되어 결국 부패하는 것을 봅니다. 제사가 부패할 때 하나님은 그들을 쳐서 그들의 성전도 무너뜨리곤 하셨습니다. 그래서 포로로 끌려간 그들은 말씀을 붙잡습니다. 그게 회당이고, 회당은 이스라엘의 포로기에 시작된 것입니다. 지금도 유대인들은 전 세계 어디를 가든지 회당을 중심으로 모여 삽니다.

그렇게 말씀을 붙들었다가 다시 제사 중심이 되는 시기가 언제입니까? 예수님이 오셨던 헤롯 성전 시절입니다. 오죽하면 예수님이 그 성전 안에서 제사를 위해 모인 사람들을 쫓아내셨겠습니까? 그 성전도 결국 무너졌습니다.

역사의 패턴을 보면 늘 제사가 부패할 때 종교 개혁이 일어납니다. 헤롯 성전의 무너짐 이후는 또 어떻게 이어졌습니까? 중세에 제사 중심의 가톨릭이 말씀 중심의 종교 개혁으로 또 한 번의 혁명적 전환점을 맞이합니다. 저는 코로나19 사태를 겪으면서 하나님이 우리에게도 개혁하라고 말씀하시는 것이 아닌가 생각하게 되었습니다.

어느 순간 한국 교회가 건물 중심의 교회가 되어 버렸습니다. 또 사람과 사람이 만나는 관계 중심의 교회가 되었습니다. 물론 그것도 필요합니다. 그런데 지금의 상황이 어떻습니까? 우리는 지금 관계도 멀리해야 하고 건물도 멀리해야 합니다. 그렇다면 이 시기는 우리가 말씀 중심으로 개혁해야 하는 순간이 아닐까요?

어쩌면 하나님은 우리 민족과 한국 교회를 사랑하셔서 기회를 주고 계신 것일 수도 있습니다. 건물보다는 말씀을 중심으로, 사람보다는 하나님을 바라보며 우리의 신앙을 다시 세우는 계기로 삼을 수 있다면, 그러한 변화를 일으킬 수 있다면 이것은 우리에게 큰 은혜요 복일 줄로 믿습니다.

초막절을 지킨 이스라엘 백성은 먼저 말씀에 대한 자발적 사모함이 있었습니다. 지금 우리 상황이 봉사에 지쳐 있던 성도들에게 쉼의 시간이 되고, 다시 자발성을 회복하는 시간이 될 수 있습니다. 그리고 제사 중심의 신앙이 말씀 중심의 신앙으로 변화될 수 있는 시간입니다. 사람 중심, 관계 중심이던 신앙을 돌이켜 보고 말씀 중심, 하나님 중심으로 변화되는 기회로 삼아야 할 것입니다.

단단한 삶의 자리를 위한 질문

● 초막절을 오늘 우리의 삶의 자리에서 어떻게 지킬 수 있습니까?

● 흔들리는 이 시기에 하나님이 당신에게 주시는 은혜는 무엇입니까?

4장

성전의 예배를
넘어서

14

회개는 삶의 결단으로
이어집니다

＊

이날에 낮 사분의 일은 그 제자리에 서서 그들의
하나님 여호와의 율법책을 낭독하고 낮 사분의 일
은 죄를 자복하며 그들의 하나님 여호와께 경배하
는데

느헤미야 9:1-8

느헤미야서 9장은 "그달 스무나흘 날에"라는 날짜로 시작됩니다. 그달이란 7월입니다. 전 장에서 우리는 7월의 절기들을 지키는 장면을 보았는데, 레위기에 따르면 15일부터 초막절을 7일 동안 지킨다고 했으니 21일에 끝났을 것입니다. 그리고 8장 18절에 "무리가 이레 동안 절기를 지키고 여덟째 날에 규례를 따라 성회를 열었"다고 말했으니까 날짜로 치면 7월 21일까지 절기를 지키고, 22일에 성회를 연 것입니다. 그리고 하루가 지나고 24일에 백성들이 다시 모였습니다. 그들은 금식하며 굵은 베옷을 입고 티끌을 무릅썼다고 이야기합니다. 즉 회개의 모임을 가졌다는 것입니다. 광야에서 지은 조상들의 죄를 기억하며 하나님 앞에 모두 똑같은 죄인임을 깨닫는 초막절 절기가 끝났는데, 왜 그들은 또 모여서 회개의 집회를 열었을까요?

영적 개혁의 시간

우리는 그 이유를 8장 18절에서 발견할 수 있습니다. "에스라는 첫날부터 끝 날까지 날마다 하나님의 율법책을 낭독하고." 첫날부터 끝 날까지 날마다 하나님의 율법을 들었더니 그 말씀이 그들의 마음을 찌른 것입니다. 그래서 집회가 끝난 뒤에도 이렇게 끝낼 수는 없다는 마음이 생겨난 것입니다. 한 걸음 더 나아가고 싶은 마음으로 다시 모여서 하나님의 말씀이 자신들을 찌른 부분을 가지고 제2차 집회가 시작된 것입니다.

코로나19 사태로 갑작스럽게 맞이하게 된 변화의 시간을, 각 가정에서 우리의 초막절로 만들면 어떻겠습니까? 그동안 우리가 참 정신없이 살았습니다. 발전을 위해, 소유를 위해, 높아지기 위해…. 밤마다 회식해야 했고, 사람들을 만나서 접대를 해야 했습니다. 그런데 그렇게 해서 이루어진 관계가 다 단절되고, 소유했던 모든 것이 하루아침에 별것 아닌 것을 깨닫게 되었습니다. 그 상황에서 우리는 초막절에 들어가는 것입니다. 초막의 숭숭 뚫린 지붕 위로 하늘을 바라보는 겁니다. '그동안 내가 수고한 모든 것이 참 별것 아니었구나.' 광야 같은 세상에서의 삶을 돌이켜 보는 시간을 만들면 좋겠습니다.

요즘은 약속이 없으니 저녁에 일찍 들어오게 되지 않습니까? 가족과 함께 그 초막 안에 들어가는 것입니다. 우리가 코로나19 사태를 위해 하루 한 번, 밤 9시에 기도하려고 '119 긴급 중보기도'를 시작했습니다. 처음에는 자녀들과 열심히 했는데, 어느 순간 또 습관화되지 않았습니까? 다시 허리띠를 동여매고 초막에 누워 말씀에 깊이 잠겨 보는 겁니다. 그때 하나님이 더 큰 깨달음을 주셔서 우리가 "이렇게 살면 안 되지, 내 삶이 변해야지, 이렇게 살았다가는 죽도 밥도 안 되지!"라고 결단할 수 있다면 이 기간이 우리의 초막절로 변화되는 영적 개혁의 시간, 큰 축복의 시간이 될 것입니다.

역사는 회개로부터 시작된다

그들은 회개 집회를 엽니다. 본문을 읽어 나가면 마치 역사적으로 일어났던 유명한 영적 대각성 운동의 순간들을 보는 것 같습니다. 그중에 우리나라에서 일어난 1907년 평양 대부흥 운동이 생각납니다. 시작은 1903년부터 시작된 기도 운동들이었는데 1904년에 원산, 개성, 서울, 인천으로 퍼지고 이후까지 계속되다가 1907년 1월 6일, 평양 장대현교회에 1,500명 정도가 모인 집회가 열리고 1차적으로 끝이 납니다.

그런데 마치 초막절이 끝나고 그 집회에 은혜를 받은 사람들이 '여기서 멈출 수 없어!'라고 한 것처럼 남아 있던

500-600명이 기도하는데, 강력한 성령의 바람이 불었던 것입니다. 우리가 잘 알듯이 길선주 장로님으로부터 시작된 이 엄청난 회개의 장면이 장대현 교회에서 전개됩니다. 자기가 선교사를 미워했던 일부터 친구의 재산을 착복한 비밀까지 엄청난 죄를 고백한 겁니다. 그때 숭실대 학장이었던 베어드 선교사의 부인이 기록한 내용을 보면, 그 이후에 회개 운동이 계속되어 숭실대 학생들까지도 내가 방탕했다는 고백뿐 아니라 심지어는 방화, 술주정, 도둑질, 남의 것을 강탈한 것, 거짓말, 시기, 질투 등 여러 죄를 토설해 내었다고 합니다.

그리고 이때 교회사적으로 아주 중요한 회개가 하나가 나옵니다. 1907년 4월 1일 평양에서 이어졌던 연합 사경회에서 한 사람이 죄를 자복합니다. 그 사람의 이름은 박춘권으로, 제너럴셔먼호에서 내린 토마스 선교사의 목을 벤 사람이었습니다. '내가 토마스의 목을 베었습니다.' 이 회개가 토마스 선교사의 순교에 대한 완벽한 고증을 할 수 있게 만들어 주었습니다.

해프닝도 많았습니다. 기록을 보면, 경찰들이 교회에서 열리는 집회에 들어와서 죄를 회개하는 사람들의 회개 내

용을 기록하고 신상을 파악하여 집회 후에 그 사람을 잡아
갔다는 기록들이 나올 정도로 적나라하게 회개했고, 심지어
는 범인에 대한 자료를 찾기 위해 집회에 들어온 경찰이 말
씀으로 깨어져서 그리스도인이 되었다는 기록도 있습니다.

결국, 기적은 삶의 변화다

이것이 바로 회개하는 자들에게 임한 성령의 역사입니다.
그 출발과도 같은 여호수아 시대의 미스바 집회도 있고, 또
여러 집회가 성경에 나오지만, 특별히 느헤미야의 집회를
통해서 그 모습을 보게 됩니다. 3절에 "낮 사분의 일은 그
제자리에 서서 그들의 하나님 여호와의 율법책을 낭독하
고 낮 사분의 일은 죄를 자복하며"라고 말합니다.

이 장면은 우리나라 초기의 사경회를 떠올리게 합니다.
그 당시 사경회 일정을 보면, 오전 1시간 기도회, 2시간 성
경 공부, 오후 1시간 성경 공부, 1시간 토론회, 이런 식으로
진행했습니다. 모인 사람들이 한 주제를 가지고 그리스도
인의 삶에 대한 공개 토론회를 했다고 합니다. 예를 들면
열 살, 열두 살 정도에 결혼했던 조혼 풍습을 그리스도인은
어떻게 받아들여야 합니까? 그리스도인은 순결을 어떻게

지키고 살아야 합니까? 그리스도인이 담배를 피우는 것은 어떻게 해야 합니까? 이런 실질적인 내용으로 토론회가 열렸습니다. 말씀이 삶으로 이어져야, 회개가 삶으로 이어져야 능력이 되기 때문입니다. 그러고 나서 축호 전도를 나갔습니다. 그리고 저녁에 돌아오면 저녁 집회가 또 열립니다. 이렇게 우리 믿음의 선조들은 사경회를 일주일 씩이나 해 나갔고, 이것이 바로 느헤미야서에 나오는 사경회의 모습입니다.

하나님과 깊은 관계를 가진 사람이라면 모두 경험했을 것입니다. 하나님의 말씀이 임하면 언제나 우리는 죄를 밝히 보게 됩니다. 우리가 어떻게 해야 합니까? 베드로의 설교에 찔림이 있던 사람들의 그 질문(행 2:37)이 우리의 마음에도 생겨납니다. 자기 죄의 무게를 이길 방법은 오직 하나님의 은혜밖에 없기에 그 은혜 앞으로 나아가야 합니다. 그것이 바로 느헤미야서 9장에 나오는 기도입니다. 죄 앞에서 하늘의 하나님의 은혜 앞으로 나아가고, 그 속에서 모든 죄를 자복하고 다시 새로운 삶으로 출발하는 것입니다.

초막 안에 누워 있으면 아무것도 없습니다. 그동안 수고한 것도 없고, 소유도 없고, 빈부귀천도 없습니다. 오직 주님만 바라보는 것입니다. 오늘, 이 시기가 우리의 영적 초막절이 될 수 있기를 소망합니다.

광야와 같이 단절된 생활을 하고 있는 요즘의 시간을 우리 가정의 초막절로 지키는 것이 어떨까요? 가족들과 함께 집에 있는 시간을 초막절로 지킨다면, 답답한 지금의 상황도 영적인 개혁의 시간으로 바꿀 수 있습니다. 초막절을 지키며 말씀에 찔림을 받은 이스라엘 백성들도 회개를 통해 영적인 개혁을 일으켰습니다. 하나님의 말씀은 우리의 죄를 보게 하고, 강력한 회개를 불러일으킵니다. 회개가 삶으로 연결되는 능력을 맛보게 되기 바랍니다.

단단한 삶의 자리를 위한 질문

- 오늘 당신이 해야 할 회개는 무엇입니까?

- 회개를 통해서 당신의 삶에 주시는 역사는 무엇입니까?

15)

늘 돌아보고
기억해야 합니다

*
이적과 기사를 베푸사 바로와 그의 모든 신하와 그
의 나라 온 백성을 치셨사오니 이는 그들이 우리의
조상들에게 교만하게 행함을 아셨음이라 주께서
오늘과 같이 명예를 얻으셨나이다

느헤미야 9:9-22

하나님의 말씀을 듣고 다시 모여서 그들이 드리는 회개의 기도와 하나님을 향한 찬양의 기도가 느헤미야서 9장에 계속 나옵니다. 성경에는 9장과 비슷한 기도가 많이 있습니다. 특히 시편이 거의 이런 내용입니다. 이스라엘 백성들이 하나님 앞에서 기도할 때 가장 자주 사용하는 내용이 출애굽의 일들을 되새기면서 하나님께 기도하는 것이니 말입니다.

그런데 저는 느헤미야서 9장이 그중에서도 가장 아름답다고 생각합니다. 그 표현들을 자세히 들여다보면, 다른 본문에서는 사용되지 않는 형용사들이 등장합니다. 13절에 시내산에서 하나님이 율법을 주신 내용을 쓸 때, "정직한 규례와 진정한 율법과 선한 율례와 계명"이라고 씁니다. 단순히 율법이나 계명으로만 부르지 않고, 앞에 '정직한, 진정한, 선한' 등의 표현을 덧붙인 기도문이 참 아름답지 않습니까.

내 인생의 출애굽을 기억하라

그런데 이 기도문에는 아름다움뿐만 아니라 생각할 거리가 몇 가지 더 있습니다. 먼저 이들은 출애굽의 내용을 다시 반추합니다. '하나님이 죄인 된 우리를 구원하셨다. 그리고 인도하시고 끊임없이 보살펴 주셨는데 우리는 또 죄를 지었다. 그럼에도 하나님은 다시 은혜를 베푸셨다'는 출애굽기의 내용이 나옵니다. 또 우리를 보살필 때 만나와 메추라기로 먹이시고, 반석에서 샘물이 나게 하시고, 하나님의 말씀을 직접 기록해서 주시고, 낮에는 구름기둥으로, 밤에는 불기둥으로 인도하셨다는 이야기가 계속 등장합니다.

시편을 읽어 봐도 출애굽 이야기가 반복된다는 것을 알 수 있습니다. 이스라엘 백성들은 왜 출애굽의 사건을 계속 되새겼을까요? 그들은 출애굽기에 나오는 조상들의 이야기가 곧 나의 인생의 여정과 같다고 본 것입니다. 하나님은 애굽에서 우리를 건져 주셨습니다. 그런데 우리는 조금 불편하면 불평하고, 조금 편해지면 그만 나태해집니다. 그때 하나님은 우리를 연단하시고, 연단 속에서 하나님을 찾으면 다시 은혜를 베풀어 주시는 분임을 그들은 조상의 삶에서 바라봅니다. 출애굽 여정이 이미 끝나 버린 과거가 아니라 그들의 삶 속에 살아 있는 교훈인 것입니다.

말씀과 기도와 찬양

그리고 이것이 또 다른 의미와 연결됩니다. 사실 이스라엘 백성들은 긴 세월 동안 하나님의 말씀과 떨어져 있었습니다. 물론 14년 전에 에스라를 통한 대각성 운동이 있었지만, 사실 그들의 삶은 성벽이 무너짐으로 말씀과 떨어져 있었습니다. 무너진 성벽이 재건되지 않아 그러했다는 것입니다. 그런데 바로 이틀 전까지 초막절을 지켰습니다.

그 초막절 기간 내내 무슨 말씀을 들었겠습니까? 그들은 우리가 왜 이렇게 초막에서 지내는 것인지, 우리 조상들이 애굽에서 나와서 초막에서 산 광야의 이야기를 일주일 내내 읽고 들었을 것입니다. 그러니까 지금 그 말씀을 붙잡고 기도하고, 그 말씀으로 여호와를 송축한다는 것입니다.

결국은 우리의 기도와 찬양이 말씀과 함께 있어야 합니다. 기도는 말씀을 붙잡아야 깊어지고, 찬양은 말씀으로 고백해야 풍성해진다는 것입니다. 말씀이 없으면 우리의 기도는 한탄이 되기 쉽고, 말씀이 없으면 우리의 찬양은 신세타령이 되기가 쉽습니다. 말씀을 붙잡아야 합니다.

기억함으로써 결단한다

그런데 이 본문이 우리에게 주는 가장 큰 교훈은 이것입니다. 느헤미야서 9장 초반부에 보면, 그들이 하나님 앞에서 "금식하며 굵은 베옷을 입고 티끌을 무릅쓰며"(느 9:2) 자기 죄와 조상들의 허물을 자복했다는 내용이 나옵니다. 하나님을 찬양하면서 왜 이렇게 크게 회개한 것일까요? 조상들의 죄에서 내 죄를 발견 했기 때문입니다. 발견한 죄를 자복하는 것, 나의 죄를 토설하는 것이 회개의 가장 큰 이유입니다. 그런데 우리는 또 하나의 중요한 이유를 알아야 합니다. 이스라엘 백성들은 이 죄 때문에 우리가 수치를 당했다고 말합니다. 그 말은 다시는 이런 수치를 당하지 않도록 우리가 어떻게 하겠다는 다짐을 보여 줍니다. 다시는 성벽이 무너지지 않도록, 다시는 나라를 빼앗기지 않도록, 다시는 조롱거리가 되지 않도록 조상들의 행적을 돌이키며 결단하는 것입니다.

회개 기도는 결단의 기도로 연결되어야 합니다. 회개가 나의 죄를 자복하는 것으로 끝나면 회개에 합당한 열매를 맺기가 어렵습니다. 그들이 금식하고 재를 뿌리고 부르짖는 이유는, 다시는 성벽이 무너지도록 내버려 두지 않겠다는 결단이 그 속에 있기 때문입니다.

다시는 이렇게 살지 않겠다는 고백을 더 깊이 이해하기 위해 얍복 나루터에서 밤새 씨름하던 야곱을 생각해 볼 필요가 있습니다. 야곱이 인생의 위기 앞에서, 자기를 죽일 것 같은 형 에서 앞에서 홀로 초막에 들어갑니다. 하나님은 밤새 그와 씨름하시면서 야곱에게 무엇을 원하셨을까요? 야곱은 솔직히 죄를 자백하고 어쨌든 이번 위기만 넘기려고 했을 것입니다. 그게 '속이는 자' 야곱의 본성입니다. 위기가 다가오면 그는 금세 무릎을 꿇습니다. 그리고는 입을 씻고 맙니다. 속으로 꿇고 있는데 밴드 하나 붙이고 끝내려는 심산입니다. 하지만 하나님이 용납하지 않으시고 밤새 그와 씨름하십니다. 하나님은 야곱이 이스라엘이 되기 원하셨기 때문입니다. 그의 환도뼈를 쳐서 뼈가 어긋날지라도 야곱은 이스라엘이 되어야 했습니다.

얍복강을 건너던 이스라엘은 절룩거렸습니다. 절룩거릴지라도 야곱은 이스라엘로 변했습니다. 결국 회개의 기도가 "내가 변하겠습니다, 내가 끊겠습니다, 내가 버리겠습니다"라는 결단으로 나아가지 않으면 아무 의미가 없습니다.

가족이 모여서 기도할 때 나의 인생을 한번 회고해 보십시오. 내 인생의 출애굽기를 읽어 보라는 말입니다. 인생에서 가장 힘들었을 때, 그 위기를 어떻게 넘겼습니까? 인생에서 가장 잘나갔을 때는 언제였습니까? 지금은 그렇지 않다면 그 잘됨이 왜 이어지지 않았는지 생각해 보기를 바랍니다. 또한 내가 가장 행복했을 때는 언제였는지 또한 가족과 나누어 보십시오. 그리고 하나님은 이 초막절에 내가 인생의 출애굽기를 읽으면서 어떻게 변화되기 원하시는지 살펴보고 야곱이 이스라엘이 되는 그 결단, 그 변화가 오늘 우리의 삶에 있기를 소원합니다.

출애굽 이야기를 반추하는 이스라엘 백성들의 기도는 조상의 죄를 통해 자신들의 죄를 보기 위함이었습니다. 그리고 회개 기도는 죄의 자복에서 더 나아가 결단으로 열매 맺어야 합니다. 우리 자신의 출애굽기를 기록해 보고, 우리가 무너졌을 때와 행복했을 때를 살피고 결단함으로써 반복되는 실패를 막아야 할 것입니다.

단단한 삶의 자리를 위한 질문

• 당신의 인생에도 출애굽과 같은 시기가 있었다면, 언제입니까?

• 당신의 출애굽 시기에 주님은 어떻게 당신을 이끄셨습니까?

16

말씀을 지키면
삶을 얻습니다

✳
우리가 오늘날 종이 되었는데 곧 주께서 우리 조상
들에게 주사 그것의 열매를 먹고 그것의 아름다운
소산을 누리게 하신 땅에서 우리가 종이 되었나이다

느헤미야 9:23-38

본문을 성경으로 이야기하면 여호수아와 사사기의 내용이라고 할 수 있습니다. 말씀을 붙들고 드리는 기도가 창세기, 출애굽기에 이어 여호수아와 사사기의 내용으로까지 이어집니다. 이 고백을 한마디로 말하면 "우리는 조롱거리가 되었다"는 것입니다. 나라는 망했고, 포로로 끌려갔고, 겨우 돌아와서 성벽을 재건하는 와중에도 외부의 공격과 내부의 분열이 그들의 수치가 되었다고 말합니다. 그 가운데서 이들의 다짐은 무엇입니까? 다시는 이런 일을 반복하지 않겠다는 것입니다. 다시는 무너지지 않겠다고, 다시는 조롱거리가 되지 않겠다고 다짐합니다.

수치를 당하는 이유를 알라

그렇다면 왜 그렇게 수치를 당하게 되었는지 이유를 알아야 하지 않겠습니까? 그래서 인생의 출애굽기를 적어 봐야 합니다. 그것은 바둑에서 복기하는 것과 비슷합니다. 내가 잘나가던 시절 욕심에 넘어졌던 기억, 유혹에 빠졌던 기억을 떠올리며 무너졌던 이유를 찾는 것입니다. 그렇게 이유를 찾아내고 나면 더 이상 수치를 당하지 말아야 하는데, 문제는 우리가 그 일을 반복한다는 것입니다. 출애굽하던 이스라엘 백성과 별 차이가 없다는 것입니다. 본문에서 계속 그 이야기를 하고 있습니다.

25절에서 "그들이 배불리 먹어 살찌고 주의 큰 복을 즐겼"다고 말합니다. 그런데 그들이 "순종하지 아니하고 주를 거역하며 주의 율법을 등지고 주께로 돌아오기를 권면하는 선지자들을 죽여 주를 심히 모독"(26절)했더니 "주께서 그들을 대적의 손에 넘기사 그들이 곤고를 당하게"(27절) 되는 결과가 나옵니다. 그때서야 백성이 돌이키고, 주께 부르짖으니 주께서 긍휼하심으로 구원해 주셨다는 것입니다. 그들은 마침내 회복되어 평강을 얻습니다(28절). 그런데 29절이 어떤 단어로 시작하는지를 보십시오. "다시"라는 말로 시작됩니다. 다시 그와 같은 방식이 반복된다는 것입니다.

왜 이런 일이 반복되는 것일까요? 성경은 우리에게 두 가지 이유를 이야기해 줍니다. 먼저, 25절을 보면 하나님이 그들에게 큰 복을 주셨습니다. 그런데 백성들은 복을 주신 이유를 잊어버리고 즐기기만 했습니다. 욕심 때문입니다. 하나님이 주신 복의 이유를 우리의 욕심 때문에 잊어버리게 됩니다. 물론 하나님이 주신 복을 충분히 누려야 합니다. 그러나 하나님이 우리에게 복을 주실 때는 반드시 이유가 있습니다. 그저 즐기기만 하면 안 되고, 그 복을 주신 이유를 기억해야 합니다.

어렸을 때 그런 경험들이 다들 있을 것입니다. 엄마가 외출하시면서 "오늘 엄마가 어디 가야 하니깐 학교 갔다 와서 먼저 숙제해 놓고 놀아라"라고 말씀하십니다. 엄마가 집에 없으면, 아이들에게는 복입니다. 당연히 그 복을 즐길 수 있지만, 엄마가 하신 말씀을 잊으면 안 됩니다. 그런데 어릴 때는 엄마가 없어서 노는 것에만 열중하다가 숙제를 잊습니다. 순종하지 않고 욕심 때문에 잊어버리는 이스라엘 백성의 모습과 같습니다.

이런 일이 반복되는 두 번째 이유는 29절에 나옵니다. "주의 율법을 복종하게 하시려고 그들에게 경계하셨으나 그들이 교만"했다는 것입니다. 교만한 자들의 특징은 무엇입니까? '듣지 아니하는' 것입니다. 그러면서 29절은 교만한 사람을 "고집하는 어깨를 내밀며 목을 굳게" 한 모습으로 묘사합니다. 그러니까 어깨가 나와 있고 목을 뻣뻣하게 세우고 듣지 않는다는 것입니다. 내가 옳다는 것이지요. 그런 사람이 결국 수치를 당하게 됩니다.

우리가 수치를 당한다고 생각한다면, 어려움이 찾아왔다고 느껴진다면, 이때가 바로 우리의 모습을 반추해 보아야 할 시기입니다. 코로나19 사태를 겪으면서 왜 이런 재난이 우리에게 왔는지 질문해 봅시다. 되돌아봤을 때, 교훈을 얻지 못하면 이 패턴은 다시 반복될 것입니다. 우리가 살펴본 것처럼, 아마 우리 욕심 때문에 본분을 잊어버린 탓일 것입니다. 하나님은 우리를 청지기로 부르셨지 모든 자연의 주인으로 만들지 않으셨습니다. 그런데 청지기인 우리가 욕심 때문에 자연을 파괴하고 있습니다. 청지기로서 자연의 질서를 지켜야 함을 잊어버린 것입니다.

또한 우리는 교만해졌습니다. 과학이 점점 발달해서 파괴된 환경을 능히 감당할 수 있다고 말합니다. 과학 기술로 탄소 배출도 해결할 수 있고 인간의 힘으로 제어할 수 있다고 생각한 것이지요. 인간의 교만이 그 말 안에 숨어 있습니다. 그래서 이런 재난이 온 것입니다. 욕심으로 자기 본분을 잊어버렸고, 교만해서 할 수 없는 일을 할 수 있다고 고집을 부렸고, 어깨를 내밀며 목이 굳은 채로 듣지 않았습니다. 우리가 이 시기가 어떤 시기인지를 제대로 받아들이지 못하고 되새기지 못한 채 그냥 지나가면 이런 일은 다시 반복됩니다.

　그렇다면 이 욕심과 교만을 어떻게 다룰 수 있겠습니까? 29절에 "사람이 준행하면 그 가운데에서 삶을 얻는 주의 계명"이라는 기가 막힌 표현이 나옵니다. 우리가 생명을 얻는 주의 계명대로 살아야 이 재난에서 벗어나고 삶을 얻을 수 있다는 것입니다. 17절의 말씀처럼 "주께서는 용서하시는 하나님이시라 은혜로우시며 긍휼히 여기시며 더디 노하시며 인자가 풍부하시므로" 우리를 버리지 않으실 것입니다. 우리에게 기회를 주시는 하나님의 계명을 붙잡고 나아갈 때, 이 땅을 회복시키시고 우리의 삶을 생명으로 넘치게 하실 줄로 믿습니다. 겸손히 하나님 앞에 나아와 주의 말씀을 준행할 때 우리에게 길이 열릴 것입니다.

　이스라엘 백성들은 조상들의 죄를 기억하며 다시는 그렇게 살지 않겠다고 다짐했습니다. 하나님이 은혜를 베푸심에도 불구하고, 우리가 죄를 반복하는 이유는 우리의 욕심과 교만 때문입니다. 우리의 목이 굳어 말씀을 듣지 않는 것입니다. 우리는 수치와 고난을 되풀이하지 않기 위해 삶을 얻는 주의 계명을 준행해야 합니다. 그러면 인자가 풍부하신 하나님이 우리를 다시 회복시키실 것입니다.

느헤미야서 9장이 주는 경고는 37절에 함축되어 있습니다. 우리가 "우리의 죄로 말미암아 … 우리의 곤란이" 심하다는 것입니다. 그리고 어떤 곤란을 겪고 있는지 구체적으로 나옵니다. "우리 위에 세우신 이방 왕들이 이 땅의 많은 소산을 얻고"란 즉, 세금을 많이 걷었다는 말입니다. 어느 정도의 세금을 걷어 갔는지 구체적인 자료는 없지만 한 자료에 의하면 당시 유대가 포함된 수리아 지역에서 낸 세금이 한 해에 은 삼백오십 달란트였다고 합니다. 은이 지금 시세로 1킬로그램에 70-80만 원 정도인데 과거에는 은의 가치가 훨씬 높았습니다. 최소한 지금보다 열 배 이상의 가치가 있었을 테니 1킬로그램을 700-800만 원 정도로 생각해도 될 것입니다. 은 1달란트를 27kg 정도로 계산해 보면, 수리아 지역에서 바사 왕에게 보낸 1년의 세금이 756억 원 정도가 됩니다. 그것을 다 빼앗겼던 것입니다.

그다음에 나오는 말은 "우리의 몸과 가축을 임의로 관할"했다는 것입니다. "임의"라는 단어를 24절에도 볼 수 있습니다. 이스라엘 백성들이 가나안 땅에 들어갔을 때 하나님이 그 땅을 그들에게 주시고, "가나안 사람들과 그들의 왕과 본토 여러 족속들을" 그들의 손에 넘겨 "임의"로

행하게 하셨다는 것입니다. 두 구절을 비교하면, 그들이
어떤 일을 당한 것인지, 왜 당한 것인지를 알 수 있습니다.
하나님이 주신 땅에 들어갔을 때 이스라엘 백성들이 본토
여러 족속을 "임의"로 대했습니다. 그런데 그들이 죄를 짓
게 되자 다른 사람들이 그들을 "임의"로 관할하게 된 것입
니다. '임의로'라는 말은 '내 마음대로, 내 뜻대로'라고 바꿀
수 있는데 자유롭게 행할 수 있다는 말입니다. 그러니까
하나님의 자녀로 있을 때는 내가 자유합니다. 그런데 죄를
지으니까 내 자유를 구속당하게 된 것입니다.

트라우마를 스티그마로

코로나19 사태 이후의 시기를 우리의 영적 초막절로 보내
보자고 제안한 바, 초막절에는 내 인생의 출애굽기를 읽어
봐야 합니다. 예수를 믿기 전에 애굽에서 살다가 홍해를
건너고 광야 생활을 하면서 겪었던 내 인생의 그래프를 그
려 보라는 겁니다. 만나와 메추라기를 주신 하나님을 찬양
한 적이 언제였고, 그것을 그새 잊고 불평하다가 고난을 겪
었던 사건은 무엇이었는지 내 인생의 출애굽기를 돌이켜
보면 다음과 같은 고백이 나오게 됩니다.

34-35절에 이스라엘 백성들의 세 가지 죄 고백이 나옵니다. 첫 번째는 "주의 율법을 지키지 아니하며 주의 명령과 주께서 그들에게 경계하신 말씀을 순종하지"(34절) 않았다는 것입니다. 하나님의 율법에 불순종한 죄입니다. 두 번째는 "주께서 그들에게 베푸신 큰 복과 자기 앞에 주신 넓고 기름진 땅을 누리면서도 주를 섬기지"(35절)아니했다는 것입니다.

이 죄를 요즘 말로 하면, 하나님이 복을 주셨는데 그 복으로 주를 섬기지 않았으니 횡령이요 배임이 되는 것입니다. 회사에서 자금을 운용할 권한을 주었는데 그것으로 회사의 이득이 아닌 자신의 이득을 위해서 쓴 것과 다르지 않습니다. 그래서 결국은 "악행을 그치지" 않게 되었습니다. 이것이 세 번째입니다. 인생이 그렇습니다. 하나님의 사람들이 율법과 말씀에 불순종하고 하나님이 주신 복을 내 멋대로 쓰면 결론은 악을 행하게 됩니다. 윤리적으로, 법적으로 실제적인 악으로 나아가게 된다는 것입니다. 죄 고백은 결국 36절에 "종"이 된 것으로 끝납니다.

삶이 고단할 때 인생의 출애굽기를 읽으라는 것은 과거를 믿음의 눈으로 재해석하라는 것입니다. 즉 하나님의 시각으로 재해석하는 것을 말합니다. 그러면 먼저 내가 지은 죄를 보게 됩니다. 내가 지은 죄를 다시는 반복하지 않겠다는 결단을 해야만 고난의 사슬을 끊을 수 있습니다. 죄가 반복되면 고난도 반복됩니다. 과거를 믿음의 눈으로 재해석하라는 말은 회개를 결단으로 이어지게 하는 것입니다.

둘째, 과거를 믿음의 눈으로 재해석해야 하는 이유는, 과거는 반드시 우리에게 상처를 남기기 때문입니다. 그런 상처를 하나님께 내놓지 않으면, 그 상처가 예수의 보혈로 치유되지 않으면, 이 상처는 트라우마가 되고 맙니다. 트라우마가 된다는 것은 계속 마음속에 남아 나를 찌른다는 것입니다. 상처가 분노가 되어 누군가를 탓하게 됩니다. 다른 사람을 미워하다가 심지어는 자기 자신까지도 증오하게 됩니다. 과거를 믿음의 눈으로 재해석할 때 이 죄들과 반복된 일들로 인한 고난, 그리고 그로 인한 상처를 모두 예수님께 내어놓고 예수 그리스도의 십자가 보혈로 그 상처를 씻어 내게 됩니다.

그 십자가 아래서 "트라우마가 스티그마로 변화되는 역사"가 일어납니다. 바울은 트라우마로 남을 만한 상처투성이의 인생을 살았습니다. 그러나 그는 그 상처를 예수의 흔적(갈 6:17), 즉 스티그마로 고백합니다. 스티그마가 된다는 것은 상처의 의미가 깨달아지고 받아들일 수 있게 되었다는 말입니다. 해석이 되는 것입니다. 상처를 해석할 수 있다는 것은 정말 중요합니다. 그 상처가 간증이 되고, 그 안에서 감사가 나오기 때문입니다.

이것을 이렇게 표현할 수 있습니다. 우리 인생에는 앞을 가로막는 돌덩이들이 있기 마련입니다. '트라우마'라는 것은 이 돌이 그저 '걸림돌'이 된다는 말입니다. 그렇다면 '스티그마'가 된다는 것은 무슨 뜻이겠습니까? 그 돌이 '디딤돌'이 된다는 것입니다. 밟고 일어설 수 있게 됩니다.

고난의 현실에서 우리가 할 일은 믿음의 눈으로 과거를 재해석하는 일입니다. 그래서 죄를 끊고, 상처를 치유 받고, 그리고 미래로 나아갈 수 있기를 소원합니다.

단단한 삶의 자리를 위한 질문

- 어려운 문제를 만날 때 어떻게 기도해야 합니까?

- 당신의 과거를 믿음의 눈으로 어떻게 재해석할 수 있습니까?

17

어떻게 지키며
살아가야 합니까?

＊
다 그들의 형제 귀족들을 따라 저주로 맹세하기를
우리가 하나님의 종 모세를 통하여 주신 하나님의
율법을 따라 우리 주 여호와의 모든 계명과 규례와
율례를 지켜 행하여

느헤미야 10:1-39

이스라엘 백성들은 출애굽기, 여호수아, 사사기에 있었던 선조들의 과거를 다시 믿음으로 재해석했습니다. 그다음에 그들의 회개가 결단으로 나아가는 언약 서명식을 거행합니다. 이 장면은 느헤미야서 10장에 나옵니다. 9장의 마지막 절은 "우리가 이 모든 일로 말미암아 이제 견고한 언약을 세워 기록하고 우리의 방백들과 레위 사람들과 제사장들이 다 인봉하였느니"(느 9:38)라고 말합니다. 10장 27절까지 나오는 이름들이 바로 그들의 이름입니다. 정치 지도자인 총독 느헤미야를 시작으로 시드기야, 종교 지도자들, 백성의 지도자들 순으로 이름이 나옵니다. 그들의 다짐을 적은 이 기록이 얼마나 확실하게 도장을 찍는 일인지가 여기서 드러납니다.

거룩하라는 말씀, 거룩하겠다는 약속

우리의 회개가 열매를 맺지 못하는 이유는 결단으로 나아가지 못했기 때문이라고 이야기했었습니다. 구체적인 약속, 구체적인 실천으로 이어지지 못하기 때문인 것입니다. 구체적인 약속을 해야 회개의 열매가 어떻게 열리는지 보이지 않겠습니까? 본문을 보면 이스라엘 백성들은 구체적으로 네 가지 약속을 하게 됩니다.

첫 번째는 이방인과 혼인을 하지 않겠다는 것입니다. 두 번째는 안식일과 절기의 거룩한 날을 지키겠다는 것입니다. 안식년까지 포함합니다. 세 번째는 성전세를 삼분의 일 세겔씩 드리고 성전을 유지할 수 있도록 힘을 내겠다는 것입니다. 번제에 쓸 제물과 장작을 공급하겠다고 약속합니다. 네 번째는 십일조를 구별하여 드리고 모든 소산의 첫 열매를 하나님께 드리겠다고 말합니다.

그렇게 함으로써 그들이 꿈꾸는 것이 이렇게 나옵니다. "그리하여 우리가 하나님의 전을 버려두지 아니하리라" (느 10:39). 회개와 결단의 목적은 하나님의 전을 지키기 위함이라는 것입니다. 구약 시대에 가지고 있던 하나님의 전에 대한 개념은 하나님이 임재해 계시는 곳입니다. 그러니까 성전을 버려두지 아니하겠다는 다짐은 하나님의 명령을 잘 지키고, 하나님을 잘 섬기겠다는 고백과 같은 의미인 것입니다. 이것은 거룩한 하나님의 백성이 되겠다는 약속입니다. 거룩을 지키겠다는 다짐입니다. 여기서 우리는 구약 시대의 거룩과 예수 그리스도로 인한 신약 이후 시대의 거룩을 비교해 봐야 합니다.

구약 시대 백성들이 생각한 거룩은 두 가지입니다. 그들은 '대표성'과 '분리'라는 방식으로 거룩을 지켰습니다. '대표성'은 이스라엘이 하나님께 선택받았다는 것을 말합니다. 그들이 대표가 된 것이지요. 그런데 그들은 열방 가운데서 너무나 미약하기 때문에 이 대표성을 지키기 위해, 즉 거룩을 지키기 위해서 '분리'라는 구별을 선택합니다. 그래서 이 분리에 대한 내용이 그들의 약속에 나오는 것입니다.

이방인과 혼인하지 않겠다는 것은 하나님께 선택받은 민족인 우리의 피가 섞이면 안 되기 때문에 이방인과 분리를 하겠다는 것입니다. 안식일과 성일을 준수한다는 것은 날의 대표를 분리해서 거룩을 지키는 것이며 성전세를 드려 성전을 유지한다는 것도 장소의 대표인 성전을 분리해서 거룩을 지킨다는 것입니다. 사람 중에서 거룩한 자로 구별된 제사장과 레위 사람들이 구별된 성전의 일을 하기 때문에 세상의 일을 하지 않고도 먹고살 수 있도록 그들에게 쓸 것을 공급해 주는 것입니다. 그리고 자기가 가진 물질 중 열의 하나를 분리해서 그것을 하나님께 드렸습니다. 이게 바로 그들이 거룩을 지키는 방법이었습니다.

그런데 그런 분리의 방식으로는 인간이 거룩을 지켜 낼

수가 없었습니다. 인간의 거룩은 축소되고 결국 왜곡되었습니다. 그래서 예수님이 오신 것입니다. 그 방식을 완전히 바꾸셨습니다. 모든 인류를 대표하신 예수 그리스도가 세상 안으로 들어와 자신을 희생함으로 모든 것을 거룩하게 만드셨습니다. 바로 구약과 신약 이후의 시대에 그리스도인의 삶이 달라지는 이유가 여기에 있습니다.

이 시대의 거룩은 무엇입니까? 대표인 우리가 세상을 분리시키는 것이 아니라, 그 속에 들어가 섞이면서 세상을 거룩하게 만드는 것입니다. 주님은 그 거룩을 빛과 소금이라고 표현하셨습니다. 빛이 되어 어둠을 물리치고, 소금이되어 스스로 녹아짐으로 세상의 썩음을 방지하는 것이 바로 거룩이라는 것입니다.

햇불 언약을 떠올리다

이스라엘의 모든 백성이 거룩을 지키기 위해서 약속하는데, "그들의 형제 귀족들을 따라 저주로 맹세하기를"(느 10:29)이라는 표현이 나옵니다. 이 말의 뜻은 거룩한 백성이 되겠다고 약속한 것을 지키지 않으면, 자신들이 저주를 받겠다는 뜻입니다.

이 저주의 약속에서 하나님이 아브라함과 맺은 언약을 생각하게 됩니다. 창세기 14장에 그돌라오멜과의 전투에서 롯을 구해 온 아브라함이 멜기세덱과 만나 십일조 언약을 맺는 장면이 나오고, 15장에 하나님이 아브라함에게 나타나서서 횃불 언약을 맺으시는 장면이 나옵니다. 3년 된 암소, 3년 된 암염소, 3년 된 숫양을 둘로 쪼개서 마주 보게 하고 하나님이 아브라함에게 그의 자손이 하늘의 별과 바다의 모래같이 많아지게 해 주겠다고 약속하십니다. 그런데 그들이 애굽에 갔다가 사백 년 후에 돌아와 부요한 나라를 이룰 것이라 말씀하십니다. 그러고는 그 쪼개진 제물 사이로 횃불이 지나갑니다.

횃불은 성령 하나님을 상징합니다. 이 장면은 엄청난 기록입니다. 이 언약은 수메르 문명에 따른 고대 근동의 언약 방식인데, 그 의미는 약속을 어기는 자가 이 짐승과 같이 쪼개어질 것이라는 의미이기 때문입니다. 하나님이 아브라함에게 약속하시면서 내가 이 약속을 지키지 않으면 이렇게 저주를 받겠다는 맹세를 하신 겁니다. 이스라엘 백성이 하는 맹세가 바로 그것입니다.

구체적으로 점검하고 실천해야 한다

이제 처음으로 돌아가서 우리의 회개가 왜 결단으로 이어지지 못하는지 생각해 봅시다. 그 이유는 구체적인 회개의 약속이 없기 때문입니다. 이스라엘 백성들은 거룩을 지키기 위해 구체적으로 약속했습니다.

예를 들어 사치가 너무 심한 것 같다는 마음이 들면, "하나님이 주신 물질을 헤프게 쓴 것을 용서해 주십시오" 하고 기도할 것입니다. 그런데 그렇게 한다고 낭비와 사치가 사라지지 않습니다. 그렇다면 소비 습관을 구체적으로 살펴보고 결정해야 합니다. 만약 내가 신발 사는 것을 너무 좋아해서 신발이 지나치게 많다면 이것이 나의 사치인 것을 고백하고, 올해는 한 켤레도 안 사겠다고 다짐하며 하나님께 약속하는 것입니다. 그리고 더 나아가 신발을 안 사고 남은 돈으로 어떤 구체적인 선한 일을 하겠다고 약속을 전개시키는 것입니다. 이래야 회개가 결단으로 이어집니다.

언약을 자기 삶 속에서 구체화해 보기를 바랍니다. 9장 29절의 말씀을 내 다짐으로 적고 그 아래 나의 거룩을 지키기 위한 구체적인 약속을 기록하여 그 다짐대로 살아 보려고 해 봅시다. 그래서 우리의 회개가 열매를 맺어 거룩한 백성으로 이 땅을 살아가는 우리가 됩시다.

이스라엘 백성들의 다짐에는 거룩을 지키기 위한 회개와 구체적인 행동의 결단이 있었습니다. 회개가 반복되지 않으려면 구체적인 내용으로 결단해야 합니다. 우리의 삶이 거룩하게 변화되어 갈 때 다른 이들도 변화시키는 빛과 소금의 삶을 살 수 있습니다.

단단한 삶의 자리를 위한 질문

● 당신이 해야 할 회개의 약속은 무엇입니까?

● 당신이 거룩을 지키기 위해 할 수 있는 일은 무엇입니까?

5장

날마다 말씀에
가까워지도록

감수하고, 자원하고, 제비뽑기

*

백성의 지도자들은 예루살렘에 거주하였고 그 남은 백성은 제비 뽑아 십 분의 일은 거룩한 성 예루살렘에서 거주하게 하고 그 십 분의 구는 다른 성읍에 거주하게 하였으며 예루살렘에 거주하기를 자원하는 모든 자를 위하여 백성들이 복을 빌었느니라

느헤미야 11:1-36

이름이 끝없이 이어지는 11장은 예루살렘에 거주할 사람을 뽑는 내용입니다. 그래서 예루살렘에 거주하게 되는 사람들의 명단이 나옵니다. 여기서 기억해야 할 것은 이들이 온 이스라엘 사람들이 아니라 포로로 끌려갔던 남유다 사람들이라는 것입니다. 남유다는 유다와 베냐민 두 지파로 구성되었는데, 거기에 한 지파가 더 있으면 제사장 족속인 레위 지파까지 있었을 겁니다.

11장 4-6절까지는 우리도 잘 아는 이름이 나옵니다. 출발은 마치 저주를 받은 것처럼 부정했지만 중요한 족보에 이름을 올린 유다의 아들 세라와 베레스, 그 자손들의 이름이 나옵니다. 세라와 베레스는 유다가 그 며느리 다말과의 관계에서 낳은 쌍둥이입니다. 그런데 베레스의 자손이 메시아의 계보를 잇게 됩니다. 저주받았다고 볼 수밖에 없는 비극적 스토리의 주인공도 하나님이 사용하십니다. 그러니까 하나님이 못 고칠 사람이 없고, 못 쓰실 사람이 없는 것입니다. 베냐민 족속도 마찬가지입니다. 멸망할 뻔한 죄악의 족속이고 연약한 족속임을 우리는 알고 있습니다. 그런데 그 베냐민 사람들이 남왕국을 이어 가고 있지 않습니까? 우리는 이 이름들을 통해 하나님 안에서 모든 자유를 누릴 수 있으며, 하나님이 누구라도 고쳐 쓰실 수 있음을 깨닫게 됩니다.

누가 새 예루살렘에서 살게 되는가

6절까지 유다 지파 사람들 가운데 예루살렘에 거하게 되는 지도자들의 이름이 나왔다면, 그다음에 베냐민 지파 사람들이 9절까지 나오고, 10절부터는 제사장, 레위 지파 사람들이 나옵니다. 여기에 또 중요한 이름들이 등장합니다.

먼저 스라야의 아버지라고 나오는 힐기야를 생각해 볼 수 있는데, 역대상 6장에 나오는 제사장의 족보를 보면 힐기야가 스라야의 할아버지로 되어 있습니다. 사실 히브리 원어에서는 그냥 자손을 뜻하는 '벤'으로만 표기되어 있기 때문에 오기라고 볼 수는 없습니다. 그것을 우리가 족보에서 쓰는 말들로 바꾸다 보니 할아버지, 중조부, 현손 이런 식으로 붙이게 된 것이지요. 역대기에 보면, 이 힐기야는 대단한 대제사장입니다. 요시야의 종교 개혁을 일으킨 인물로 그의 손자가 스라야라면 그의 선조는 사독입니다.

사독은 다윗의 제사장으로 사독 이후의 제사장들은 사독 계열로만 이어지게 됩니다. 학자들에 따르면, 안티오쿠스가 이스라엘을 다스리던 B.C. 171년까지 그 자손들이 제사장직을 독점하고 있었다고 합니다. 이 자손들이 바로 우리가 잘 아는 '사두개파'입니다.

16절까지는 하나님의 전 바깥일을 맡은 사람들이 나옵니다. 그 일은 어떤 일이었을까요? 10장으로 돌아가서 38-39절에 보면, 그들은 레위 사람들이 십일조를 받을 때, 백성들이 거제로 드린 곡식과 새 포도주와 기름을 가져오는 일을 합니다. 학자들은 십일조를 받는 일, 제물을 가져다가 보관하는 일, 성전을 수리하거나 보수하는 일 등 제사 이외에 성전에 관계된 일들을 하나님의 전 바깥일이라고 해석합니다.

그리고 17절에 재미있는 직책도 있습니다. 기도할 때에 감사하는 말씀을 인도하는 일을 하는 레위 사람도 있었다는 것입니다. 예를 들어 제사장이 하나님의 은혜에 감사하는 기도를 드리면, "감사하는 말씀을 인도하는 자"가 "감사합니다"를 선창하고, 다 같이 따라서 감사를 외친다는 것입니다. 또 다른 의미는 찬양 또한 우리의 기도이므로 그 찬양대에서 감사 찬양을 인도하는 지휘자라고 해석하기도 합니다.

하나님을 위해 기꺼이 돌아오는 사람들

19-22절에서는 느디님 사람들을 주목해야 합니다. 그들은

여호수아 시절에 예루살렘 거민이었는데 멀리서 온 것처럼 속여서 살아남은 기브온 사람들입니다. 또 전쟁에 포로로 잡혀 와서 레위 사람들의 종 역할을 했던 미디안 사람들도 느디님 사람들입니다. 에스라서 2장에서도 이들의 기록이 나오는데 굉장히 많이 돌아왔음을 알 수 있습니다.

그들은 돌아오면 종의 일을 해야 하는데 왜 바벨론에 남지 않고 돌아왔을까요? 이들이 비록 성전에서 종처럼 지냈지만, 하나님의 전을 가꾸는 일에서 아마 그들이 받은 체험이 있었을 것입니다. "주의 궁정에서의 한 날이 다른 곳에서의 천 날보다"(시 84:10) 낫다는 고백이 그들의 마음이 아니었을까 생각해 봅니다. 비록 아무도 몰라주는 험하디 험한 일이라도 그것이 하나님을 위한 일이라면 기꺼이 했던 느디님 사람들의 신앙을 떠올려 보기 바랍니다.

본문은 예루살렘 공동체의 성격을 통해 공동체의 리더십을 알려 줍니다. 예루살렘 성에 들어갈 사람들은 첫 번째는 지도자들, 두 번째는 제비 뽑은 십 분의 일의 사람들과 거주하기를 자원한 자들입니다. 여기서 거주하기를 자원한 자들도 있다는 것이 중요한데, 예루살렘은 위험한 곳이기 때문입니다. 여전히 산발랏과 도비야의 위협이 있고,

만약 느헤미야가 왕의 부름으로 돌아간다면 공동체가 무너질 수도 있습니다. 성벽만 세운 것이지 그 안에는 아직 제반 시설들도 부족합니다. 위험하고 불편한 예루살렘 성, 그곳에 누가 남습니까? 지도자들이 남습니다.

9, 22, 24절에 나오는 '다스린다'의 히브리어 원어는 '네게드'라는 단어인데, "무거운 짐을 자신이 짊어졌다"는 뜻입니다. 이 기록에서 말하는 지도자의 리더십은 책임지고 무거운 짐을 지는 것입니다. 그리고 제비 뽑힌 사람들, 하나님의 섭리라고 믿는 믿음의 사람들도 남았습니다. 그리고 예루살렘 성의 완전한 회복을 위해 불편을 감수하고 기쁨으로 자원한 사람들도 있었습니다. 이 사람들이 예루살렘 공동체를 이룬 것입니다. 새 예루살렘에 들어갈 거민들도 그와 같지 않겠습니까? 공동체를 책임지려는 사람들, 하나님의 섭리를 따르는 사람들, 기쁨으로 자원하는 사람들이 모인 곳이 바로 새 예루살렘의 새 하늘과 새 땅입니다.

기쁘게 감당하는 이들을 위한 곳

예루살렘 성에는 축복이 넘쳤습니다. 2절에 "예루살렘에 거주하기를 자원하는 모든 자를 위하여 백성들이 복을 빌었"다고 말합니다. 자원하여 기쁨으로 남는 사람들을 향하여 모두가 함께 축복하는 예루살렘 공동체, 그들이 새 예루살렘의 거민이 되었습니다. 자기가 짐을 짊어지려는 지도자들의 책임감, 제비 뽑혔다는 말 속에서 하나님의 은혜를 느끼는 것, 자원하는 자라는 말 속에서 기쁨으로 하나님의 일을 감당하며 축복하는 것이 곧 성도들의 삶입니다.

예루살렘 성은 여전히 위험하고 불편한 곳이었는데 남은 자들은 책임을 감당하는 마음으로, 하나님의 섭리를 따르는 마음으로 그리고 기쁨으로 의무를 감당하는 마음으로 그 성의 일원이 되었습니다. 우리도 삶의 자리에서 자원하는 마음으로, 하나님의 선택받은 백성으로 예루살렘 성의 거민답게 서로를 축복하며 이 땅에서 주어진 삶을 기쁨으로 감당하기를 소원합니다.

단단한 삶의 자리를 위한 질문

- 교회가 새 예루살렘이 되도록 성도들에게 필요한 모습은 무엇입니까?

- 교회 안에서 서로를 축복하고 섬기기 위해 어떤 노력을 해야 합니까?

19

다 같이
샬롬을 누립시다

✳
이날에 무리가 큰 제사를 드리고 심히 즐거워하였
으니 이는 하나님이 크게 즐거워하게 하셨음이라
부녀와 어린아이도 즐거워하였으므로 예루살렘이
즐거워하는 소리가 멀리 들렸느니라

느헤미야 12:1-47

느헤미야서 12장 7절까지 나오는 이름들은 1차 포로 귀환 때 스룹바벨과 함께 돌아온 제사장들의 명단입니다. 여기서 예수아는 스룹바벨과 함께했던 대제사장이고 8-9절에는 느헤미야 시절의 제사장이 나옵니다. 이어지는 제사장들의 이름 가운데 24-25절을 살펴볼 필요가 있습니다. 24절에 "하나님의 사람 다윗의 명령대로" 순서를 따랐다고 되어 있습니다. 성경에서는 이것을 다른 말로 "반차"라고 표현합니다. 제사장들이 제사를 지내는 순서를 반열이라고 하는데, 왜 다윗의 명령이냐 하면 역대상 24장에서 다윗 시대에 24반열이 세워지기 때문입니다.

제사장 24반열의 의미

이 반열을 좀 더 살펴보겠습니다. 첫 제사장인 아론에게는 네 아들이 있었습니다. 첫째 나답과 둘째 아비후는 하나님께 드리는 번제에서 자기들 마음대로 아무 불이나 쓰다가 하나님의 벌을 받아서 죽습니다. 그래서 아론의 제사장 계보는 셋째 엘르아살과 넷째 이다말에게 이어집니다. 다윗 시대에 제사장들이 24반열 족장들을 따라 세워졌다는 것은 아론의 자손들이 24가문을 형성했다는 것을 의미합니다.

그중 엘르아살의 자손은 열여섯이나 되었습니다. 그런데 이다말의 자손은 여덟 밖에 안 됩니다. 그 차이가 나는 이유를 성경에서 찾아볼 수 있습니다. 이다말의 자손 가운데는 사무엘 시절의 엘리 제사장이 있었습니다. 우리가 잘 알 듯 엘리의 가문은 홉니와 비느하스 두 아들이 한 날에 죽음으로써 사라지고 말았습니다.

이다말의 자손 가운데 유명한 사람이 또 한 명 있는데, 바로 아히멜렉입니다. 다윗이 사울을 피해서 도망가다가 놉에서 제사장 아히멜렉의 호의를 입어 진설병을 먹은 이야기가 유명합니다. 누군가 다윗을 도와준 것을 안 사울이 진노했고, 아히멜렉의 집에 있던 에돔 사람 도엑이 고자질해서 아히멜렉 집안이 멸족하고 85명의 제사장들이 죽는 사건이 일어납니다. 단 한 명, 아들 아비아달만 살아납니다. 이다말 계열의 수가 적은 이유입니다. 한편 엘르아살 계열의 유명한 자손 중에는 사독이 있는데, 사독 계열이 중심이 되어 이어 내려가는 24반열이 생겨납니다.

여기서 생각해 볼 것이 있습니다. 한 반열이 성전을 섬기는 기간은 일주일입니다. 24반열이라고 하면, 24주 만에 한 번 자기 차례가 돌아오는 것입니다. 예수님 당시에는 한 반열의 숫자가 엄청나게 늘어났습니다. 이렇게 되면, 어떤 제사장은 자신이 성전에서 제사를 집례하는 차례가 10년 만에 돌아올 수도 있었습니다.

그런 사실을 염두에 두고 누가복음 10장에 나오는 선한 사마리아인 비유를 보면 이렇습니다. 왜 제사장과 레위인이 강도 만난 자를 두고 가는 것이 비난의 이유가 될까요? 제사를 지내야 하는 사람들이니 부정해지면 안 된다고 생각하여 율법을 지키려 한 것은 아닐까 생각해 볼 수도 있지 않습니까? 그런데 만약에 여리고에서 예루살렘으로 가는 길이었다고 한다면, 그 시대에는 그와 같은 이유로 예외가 인정될 수 있었을 것입니다. 10년 만에 한 번 맡은 순서를 위해 예루살렘으로 가는 길이었다면, 죽었을지도 모르는 그 사람을 만졌을 때 7일간 부정해지고 제사를 집례할 수 없었을 테니 말입니다. 그래서 예수님은 군이 "예루살렘에서 여리고로" 내려가는 길이라고 표현하신 것이 아닐까 생각해 봅니다. 이미 모든 일을 마치고 가는 길이니 그를 도와주었어도 상관없음을 분명히 하신 것입니다.

느헤미야의 이야기로 다시 돌아오겠습니다. 12장의 본론은 드디어 성벽과 성문을 하나님께 드리는 봉헌식이 열린다는 겁니다. 완공된 지는 오래되었는데 왜 지금 봉헌식을 할까요? 완전히 만들어서 하나님께 드린다는 의미입니다. 성안에 사람이 살지 않은 상태로 성문과 성벽을 드릴 수 없어서 성안에 살 사람들까지 다 결정하고 봉헌하는 것입니다. 그래야 진정으로 살아 있는 공동체라고 할 수 있을 것입니다.

봉헌식의 첫 순서는 정결하게 하는 것입니다. 하나님께 드리는 것은 정결해야 하지 않습니까? 주일에 드리는 헌금도 정결하게 해서 드려야 합니다. 내가 수고하여 번 돈이니 내 것을 하나님께 얼마 드린다는 마음으로는 안 됩니다.

그리고 제사장과 레위 사람들이 몸을 정결하게 합니다. 그들이 성벽을 공사하는 동안 마음이 어떠했을지 한번 생각해 보십시오. 그 과정에서 그들이 불평을 안 했을까요? 원망하지는 않았을까요? "느헤미야는 왜 산발랏과 저렇게 대립하는지, 이러다가 우리가 언제 죽을지 모르겠다"면서 두려움에 사로잡히지 않았을까요? 비교하는 마음도 있었을 겁니다. '저 가문은 쉬운 자리를 잡았는데, 우리는 왜 이렇게 어려운 공사를 맡았을까? 저 사람들은 공사도 열심히 안 하는데 조명을 받고, 우리는 왜 드러나지 않을까?' 이런 수많은 불평과 원망, 비교와 질투가 가득했던 마음을 깨끗이 씻고 하나님께 자신을 드리는 것입니다. 그들의 입에서 무슨 말이 나왔을까 생각해 보십시오. 느헤미야서 6장에 보면 52일 만에 성벽이 완성된 후 느헤미야가 "우리 하나님께서 이 역사를"(느 6:16) 이루셨다고 말하는 장면이 나옵니다. 아마 봉헌식을 위해 자신들을 정결하게 한 제사장과 레위 사람들도 그렇게 고백했을 것입니다. "하나님이 하셨습니다."

하나님께 성벽과 성전을 봉헌하는 예식을 통해 자신이 드리는 예배를 점검해 보십시오. 하나님께 드리려면 먼저 온전해야 하고, 정결해야 합니다. 우리에게는 코로나19로 찾아온 이번 기회가 우리의 예배를 다시 세울 기회입니다. 습관이 되어 버린 우리의 예배를 점검하고 예수의 보혈로 우리를 정결하게 하고 나아와 하나님이 하셨음을 고백하고 찬양하는 예배를 드려야 할 것입니다.

이 봉헌식에 독특한 세레모니가 등장합니다. 모두가 성벽 위에 올라가 함께 걷는 것입니다. 36절을 보면 에스라가 앞장서서 남쪽으로 돌아가고, 38절을 보면 또 느헤미야가 사람들과 함께 북쪽으로 돌아갑니다. 예전에 예루살렘에 갔을 때 성벽 위를 걷는 투어를 했던 적이 있습니다. 폭이 1m 정도, 넓은 곳은 2m 정도 되었던 것 같습니다. 느헤미야 시대의 백성들이 성벽을 따라 걷다가 함께 만나서 하나님의 전으로 들어와 예배드린 것을 상상하면서 성벽을 걸었던 기억이 납니다. 물론 지금의 성벽이 느헤미야 시대의 성벽이라고 할 수는 없겠지요. 그때와는 아주 다릅니다. 지금은 성안에 빽빽하게 집이 들어서 지붕만 보이는 곳도 많기 때문입니다. 그런데 묘한 감격이 있었습니다.

이 행사는 어떤 의미가 있었을까요? 아마 느헤미야와 에스라는 여러 가지를 백성들에게 가르치기 원했을 것입니다. 우리의 수고와 노력이 이런 결과를 거두었다는 것, 그러나 이 모든 것은 하나님이 하신 일이라는 것도 말해 주고 싶었을 것입니다. 하나님이 하시지 않으셨으면 어떻게 우리가 52일 만에 이런 역사를 이룰 수 있었겠느냐 질문하면서 현실과 꿈을 나누지 않았을까요?

당시 느헤미야가 백성들과 성벽을 돌 때, 성안은 아직 황폐했을 것입니다. 그것이 현실이었습니다. 그러나 빈자

리들이 채워지는 상상을 하며 함께 꿈꾸었을 것입니다. 성
안이 백성들로 가득 차고, 아이들이 뛰어놀며, 모두가 하나
님의 전에 들어가 하나님을 기쁘게 찬양할 꿈을 함께 꾸자
고 말했을 것입니다.

교회를 건축할 때를 기억해 보면, 건물이 올라갈 때 목
사들은 다 그런 꿈을 꿉니다. 아직 건축 중인 현장을 보면
서도 앞으로 지어질 성전에서 아이들이 말씀으로 훈련받
고, 예배당에 모여 하나님을 찬양하고 영광을 돌리며 예배
드릴 그때를 꿈꿉니다. 아마 느헤미야와 에스라는 백성들
이 그런 꿈을 꾸기를 원하며 그 성벽 위를 걸었을 것입니다.

이 행사가 중요한 이유가 또 하나 있습니다. 이 성벽을
향한 대적들의 조롱을 기억할 것입니다. 느헤미야 4장 3절
에 도비야가 이렇게 조롱합니다. "그들이 건축하는 돌 성
벽은 여우가 올라가도 곧 무너지리라." 그러니까 지금 느
헤미야는 도비야에게 성벽이 얼마나 튼튼한지 과시하는
마음이 있는 것입니다. 그리고 시편 23편의 말씀을 떠올렸
을 것 같습니다. "주께서 내 원수의 목전에서 내게 상을 차
려 주시고 기름을 내 머리에 부으셨으니 내 잔이 넘치나이
다"(시 23:5). 그곳에 여전히 산발랏과 도비야의 스파이들이

있었을 것입니다. 그들이 보고 전달하지 않았겠습니까? 내 원수 산발랏과 도비야의 목전에서 상을 차려 주시고 기름을 머리에 바르시는 하나님을 자랑하고 싶었던 것이 아닌가 하는 생각을 해 봅니다.

여호와를 기뻐하는 힘

성벽을 도는 이스라엘 백성들의 행렬에서 우리가 또 하나 주목해야 할 것이 바로 느헤미야입니다. 38절을 보면 느헤미야는 에스라와 좀 다릅니다. 학사 에스라는 앞서서 갑니다. 그런데 느헤미야는 백성의 절반과 더불어 그 뒤를 따라갑니다. 아마 느헤미야는 이 일은 하나님께 드리는 예식이니 제사장들이 앞서가는 것이고, 내가 비록 총독일지라도 나는 일반 백성과 같이 예배자로 뒤따라가야 한다고 자기 위치를 겸손하게 이해했던 것이 아닐까 생각합니다. 비록 세상에서는 총독일지라도 지금 하나님을 예배하는 곳에서는 총독이 아니라 한 사람의 예배자일 뿐이라는 느헤미야의 겸손한 태도를 보게 됩니다.

감격이 넘치는 봉헌 예식 가운데 백성들은 얼마나 기뻐했겠습니까? 그런데 그 기쁨의 근원이 무엇이었는지 43절에 나옵니다. "이날에 무리가 큰 제사를 드리고 심히 즐거워하였으니 이는 하나님이 크게 즐거워하게 하셨음이라." 하나님이 그들을 즐겁게 만들어 주셔서 백성들이 심히 즐거웠다는 것입니다. 이 말이 무슨 뜻이겠습니까? 하나님도 기쁘셨다는 것입니다. 성도는 하나님과 연결되어 있습니다. 하나님의 마음과 우리의 마음이 연결되어서 하나님이 기쁘시면 그 기쁨이 전염됩니다. 그래서 이미 8장에 이미 이런 말씀이 있었습니다. "여호와로 인하여 기뻐하는 것이 너희의 힘이니라"(느 8:10). 여호와의 기쁨이 나의 힘이라는 것입니다. 그러니까 믿는 자들은 주님이 기뻐하시는 일을 하면 나도 기뻐집니다. 내 삶이 슬프고 힘이 없다면 반대로 유추해 볼 때 여호와가 기뻐하는 일을 하지 않고 있다는 말이 될 수 있습니다. 그렇다면 하나님이 기뻐하실 일들을 찾아서 해 보기를 바랍니다. 여호와의 기쁨이 나에게 전달될 것입니다.

여기서 우리는 느헤미야가 두 가지를 얻었다는 것을 알게 됩니다. 먼저는 은혜를 체험하면 감사 찬송이 나오게 됩니다. "감사 찬송하는 자의 큰 무리"(느 12:31)가 성벽을 이동하면서 끊임없이 감사 찬송을 합니다. 하나님이 하셨다는 것을 체험했기에 하나님께 감사와 영광을 돌릴 수밖에 없는 것입니다.

그리고 두 번째는 느헤미야가 그렇게 원했던 다윗의 신앙입니다. 느헤미야서에는 다윗이라는 이름이 서른여섯 번 등장합니다. 예루살렘을 재건하면서 느헤미야는 다윗의 시대를 회복하는 꿈을 꾸었던 것입니다. 무엇보다도 느헤미야는 다윗의 예배가 회복되기를 꿈꾸었습니다. 다윗처럼 하나님을 사랑하고, 하나님의 뜻대로 순종하고, 하나님을 예배해서 하나님 마음에 맞는 사람이 되고, 그래서 하나님이 다윗에게 주신 복인 전쟁이 필요 없는 샬롬의 시대를 이스라엘이 다시 찾기 원했던 것입니다.

봉헌식을 마친 그날 밤, 어쩌면 느헤미야는 "주께서 내 원수의 목전에서 내게 상을 차려 주시고 기름을 내 머리에 부으셨으니 내 잔이 넘치나이다"(시 23:5) 하고 고백하며 잠자리에 들지 않았을까 하는 생각을 해 봅니다. 우리 삶도 다윗과 같이 온전한 예배자가 되어 하나님의 마음에 맞는, 그래서 샬롬을 누리는 성도들 되기를 소망합니다.

봉헌식 장면에서 우리는 느헤미야의 꿈을 살펴보았습니다. 그는 성벽의 위를 백성들과 함께 걸으면서 백성들에게는 비전을 꿈꾸게 하고, 원수들의 목전에서 상을 베푸신 하나님께는 감사 찬송을 올려 드렸습니다. 또한 국가도 강성해져 '샬롬'을 누린 다윗의 시대를 회복하길 꿈꾸었습니다. 그 가운데 가장 온전한 예배자였던 다윗처럼 하나님의 마음에 맞는 자가 되기를 바란 느헤미야의 소망이 곧 오늘 우리의 소망으로 이어지길 바랍니다.

단단한 삶의 자리를 위한 질문

• 하나님을 기뻐하고 감사하는 마음이 예배 가운데 있습니까?

• 예배가 습관이 된 부분과 새롭게 나아가기 위한 방법은 무엇입니까?

20

끊임없이
돌이켜야 합니다

✳
백성이 이 율법을 듣고 곧 섞인 무리를 이스라엘
가운데에서 모두 분리하였느니라

느헤미야 13:1-14

느헤미야서뿐만 아니라 에스라서에서도 백성들을 모아 놓고 모세의 책을 낭독하는 것을 볼 수 있습니다. 우리말로는 모세오경이고 유대인들에게는 토라, 율법이라고 하는 것입니다. 이 책이 낭독되는데 지금과는 조금 의미가 다릅니다. 성경을 낭독한다는 것의 의미가 다르다는 말입니다. 그 의미를 우리가 좀 더 잘 알기 위해서 당시의 토라, 이 성경을 서기관들이 어떻게 기록했는지를 봐야 합니다.

말씀을 대하는 태도

먼저 율법책은 송아지 가죽에 기록하게 되어 있습니다. 양 가죽이나 사슴 가죽에도 기록하는 예외가 있었지만, 원칙은 송아지 가죽입니다. 어미 소는 가죽이 너무 두꺼워서 말면 부피가 커져 쓸 수 없었습니다. 그런데 더욱 귀했던 이유는 송아지도 도살한 송아지는 사용할 수가 없었기 때문입니다. 하나님의 생명의 말씀을 기록하기 위해서 또 다른 생명을 죽이는 것을 인정할 수 없기 때문이었습니다. 그런데 자연사한 송아지가 얼마나 되겠습니까? 그러니 귀할 수밖에 없습니다. 그리고 기록하는 필기도구는 율법이 허용하는 짐승의 뼈나 식물의 갈대와 같은 것을 사용합니다. 율법이 허용하지 않는 동물도 안 되고, 철로 만든 필기구도 안 됩니다. 무기로 사용되는 철로 하나님의 말씀을 기록할 수 없었기 때문입니다. 서기관들이 필사할 때 기본적으로 세 명이 한 조를 이룹니다. 한 사람은 기록하고 두 사람은 지켜봅니다. 잘못 쓰는 것을 막기 위해서입니다.

읽다가 여호와라는 이름이 등장하면, 서기관들은 무조건 목욕을 했습니다. 오경에 여호와 이름이 1,555절에 두 가지 형태로 1,820번이 나옵니다. 모세오경을 다 기록하려면 1,820회를 목욕해야 했던 것이죠. 거룩한 하나님의 이름이기 때문에 그렇습니다. '여호와'라는 신성한 문자를 잘못 기록하면, 그 페이지 자체를 뜯어 버려야 했습니다. 다른 오기가 나올 때는 그 단어를 잘라 내고 가죽을 덧붙이는 것이 가능했지만, 하나님의 이름은 다시 기록해야만 했습니다. 그리고 여호와의 이름을 기록할 때는 이전에 쓰던 펜을 버리고 새 펜을 사용했습니다. 그렇게 하나님의 이름을 거룩히 여겼다는 겁니다. 이 토라를 궤에 넣어서 회당들에 보관하는데 지금은 물론 종이에 인쇄한 율법책들도 많지만, 그것은 회당에서 낭독할 때는 사용할 수가 없습니다. 아직까지도 회당에서 낭독하는 것은 짐승의 가죽에 기록한 것만 가능합니다.

유대인들은 1년에 한 번은 모세오경을 회당에서 낭독을 통해 들어야 합니다. 그래서 전 세계 유대인들은 매일 똑같은 양을 읽습니다. 회당 맨 앞에 있는 벽장에 토라 율법궤를 보관하는데, 하나님의 말씀이기 때문에 눕힐 수 없고 세워 둡니다. 그리고 벽장을 닫고 휘장을 온 벽에 덮는데 그것은 예루살렘 성전에 성소와 지성소 앞을 막고 있는 휘장을 상징합니다. 한 가지 재밌는 것은 회당에서 집회를 시작할 때 랍비가 토라를 들고 나오는데 혹시라도 맨바닥에 놓아야 하는 상황이 되면 천을 깔아야 한다는 것입니다. 그리고 그 랍비는 벌을 받게 되는데, 3일 금식을 한답니다. 우리는 성경책을 머리에 베고 잠도 자고 그러는데, 그들에게 모세오경은 그런 책입니다.

거룩함을 위한 몸부림

느헤미야 시대, 그 옛날에 포로 생활하고 돌아온 사람들을 생각해 보십시오. 그 사람들은 그전까지 하나님의 말씀을 볼 수도, 소유할 수도, 읽을 수도 없습니다. 성경은 읽어도 읽어도 새로운 것을 깨닫게 되는데, 제대로 접하지 못했던 말씀을 그때서야 들었으니 집회 때마다 얼마나 많은 깨달음이 있었겠습니까? 물론 성령의 역사가 강력하게 임하니까 더 했겠지요. 그런데 그런 그들의 귀에 민감하게 들린 말씀이 민수기에 나오는 발람의 사건과 신명기 23장이었습니다. "암몬 사람과 모압 사람은 여호와의 총회에 들어오지 못하리니 그들에게 속한 자는 십 대뿐 아니라 영원히 여호와의 총회에 들어오지 못하리라"(신 23:3).

출애굽할 때 이스라엘 백성들을 끊임없이 괴롭혔던 암몬과 모압에 대한 하나님의 말씀입니다. 그들은 말씀을 듣는 즉시 거룩을 지키라는 말씀의 요구를 깨달았고, 바로 실행했습니다. 거룩을 지키는 하나님의 백성이 되겠다는 결단이 느헤미야 시대에도 계속 나오고 있습니다.

앞서 "다시 세운다"는 것은 하나님의 거룩한 백성이 되는 것이라고 말했습니다. 구약에서 거룩은 대표성과 분리라는 것도 말했습니다. 하나님이 이스라엘을 선택하셨는데, 그들이 하나님이 명령하신 거룩을 지키기 위해서 선택한 방법은 분리였습니다. 세리나 창기나 나병 환자나 죄라고 생각하는 것들과 떨어짐으로 거룩을 지킨 것이 예수님이 오시기 전까지의 유대 백성들의 삶이었습니다. 이 말씀 앞에서 거룩을 지키기 위해 그들은 모압과 암몬 사람을 분리하게 됩니다.

그런데 예수님은 거룩을 지키는 방법을 바꾸어 주셨습니다. 거룩의 대표로 이 땅에 오셔서 자신을 희생하고, 사람들을 사랑하심으로써 이 땅 전체를 거룩하게 만드셨습니다. 그러므로 느헤미야서의 메시지를 신명기 말씀에 적용한다면 "암몬과 모압 사람을 온전한 하나님의 사람으로 만들어라"로 바꿀 수 있을 것입니다. 예수님이 오시기 전에는 혹시라도 전염될까 봐 죄인을 가까이하지 않았지만, 예수님이 오신 이후 믿는 사람들은 죄인을 오히려 가까이하고 그들을 변화시켜 왔습니다. 죄를 변화시킬 수 있는 예수 십자가 보혈의 능력이 우리에게도 있는 줄로 믿습니다.

그래서 초대 교회의 역사를 기록한 사도행전을 보면, 예수 그리스도의 복음이 실현되어 가는 과정에서 수많은 논쟁과 갈등이 일어나는 것을 볼 수 있습니다. 대표적인 사건이 고넬료의 집을 방문하는 베드로의 이야기입니다. 하늘에서부터 "큰 보자기 같은 그릇이"(행 11:5) 내려왔는데 부정하다고 하는 짐승들이 들어 있었습니다. "일어나 잡아 먹으라"(행 11:7)는 음성이 들렸을 때 베드로는 속된 것을 어찌 먹겠느냐고 반문했지만, "하나님이 깨끗하다 하신 것을 네가 속되다고 하지 말라"(행 11:9)는 말씀을 듣고 이방인들도 예수를 믿고 세례를 받으면 깨끗해진다는 것을 깨달았습니다. 이렇게 거룩이 확산되어 가는 것입니다.

이 시대에 어떻게 비유할 수 있을까요? 코로나19 바이러스를 죄라고 해 봅시다. 우리는 약한 존재입니다. 바이러스에 감염될까 봐 서로 멀리합니다. 그런데 백신이 개발되는 겁니다. 예수 그리스도의 십자가 보혈이라는 백신을 우리가 맞습니다. 면역력이 생기겠지요? 그러면 그다음에 할 일은 무엇이겠습니까? 백신이 없는 곳에 백신을 들고 가서 전해 주는 것입니다. 이것이 선교입니다.

그리고 이것이 거룩입니다. 이천 년 전 예수님은 유월절 식사를 하시며 떡과 잔을 나누셨습니다. 우리를 위하여 상하고 찢기신 몸, 흘리신 피라고 말씀하시고, 우리 죄를 대신 짊어지시고 십자가에 달리셨습니다. 그리고 우리에게 명령하십니다. "이제는 너희가 세상을 거룩하게 하라." 빛과 소금의 삶을 살라고 말씀하시는 것입니다. 오늘 하루도 예수 십자가의 보혈의 백신을 맞은 사람으로 이 땅을 거룩하게 하는 우리가 될 수 있기를 소원합니다.

포로기를 지나온 이스라엘 백성에게 하나님의 말씀은

정말 새롭고 감격이 넘치는 것이었습니다. 그래서 그들은 말씀이 선포될 때 거룩한 하나님의 백성이 되겠다고 즉각적으로 반응했습니다. 그들이 생각한 거룩은 대표성을 지키기 위해 분리를 선택한 것이었습니다. 그러나 예수 그리스도가 대표로 오셔서 십자가를 지심으로써 이 땅을 거룩하게 만드셨고, 믿는 우리에게도 그와 같은 능력을 주셔서 복음으로 이 땅을 변화시킬 것을 요구하십니다.

1년의 공백이 12년의 노력을 무너뜨린다

그렇게 최선을 다해 거룩을 지키려는 이스라엘 백성들의 노력이 있었는데, 예상과는 다른 이야기가 전개됩니다. 13장 3절부터는 시간이 좀 흘렀습니다. 느헤미야가 12년의 총독 재임 기간을 마치고 바사로 잠시 귀국했던 일 년 사이에 사건이 하나 벌어집니다. 엘리아십 제사장이 자기와 친했던 도비야에게 성전 뜰 안에 큰 방을 하나 내어 준 것입니다. 이방인은 성전 뜰 안으로 들어올 수 없는데 암몬 사람에게 게스트룸을 만들어 준 셈입니다. 그리고 백성들이 십일조를 내지 않으니까 레위 지파 찬양대원들이 월급을 받지 못해서 생계를 위해 자기 밭으로 도망갔습니다.

느헤미야가 떠나 있던 1년 만에 이렇게 되었습니다. 12년을 수고했는데도 하루아침에 무너졌습니다. 겉으로는 성벽이 건재하게 서 있고, 성안의 사람들은 늘어났으며 성전도 흥왕하였을 것입니다. 그런데 속은 썩고 있었음을 보게 됩니다. 여기에서 중요한 질문을 하나 던지겠습니다. 왜 느헤미야서 13장이 기록되었을까요? 12장으로 끝났다면 해피엔딩이었을 텐데 왜 자기들의 무너짐을 기록에 남겼을까요?

거룩이 무너지려고 할 때 우리는 보통 '분리'를 선택합니다. 구약으로 돌아가는 것입니다. 그러다 보면 교회 밖에 있는 사람들과의 관계가 소원해지고 결국 주변에 교회 다니는 사람들밖에 남지 않습니다. 공동체와 자신의 거룩이 흔들릴 때, 예수 그리스도의 십자가 이후의 삶을 살고 있음에도 우리는 여전히 구약으로 돌아가곤 합니다.

공동체의 거룩이 결국 무너지는 이유가 있습니다. 첫 번째는 항상 내부에 적이 있다는 것입니다. 도비야는 성벽을 지을 때 조롱했던 사람입니다. 그런데 제사장 엘리아십이 도비야와 계속 연락했다는 것입니다. 즉 무엇인가 협력(association) 관계가 있었다는 말이지요. 도비야가 암몬의 총독이었던 것을 생각해 본다면 아마 그와 정치적 협력 공동체를 이루었다고 추측할 수 있습니다. 성벽을 세워도 여우가 올라가면 무너지리라고 했던 이와 연결된 내부의 적 때문에 공동체가 무너지게 됩니다.

그리고 반드시 지도자의 영적 부패의 문제가 나옵니다. 엘리아십은 3장에서 가장 먼저 성문의 건축자로 이름을 올린 대제사장입니다. 느헤미야서에 이름이 아홉 번이나 나오는 그가 도비야와 연결이 되어서 이방인이 들어올 수 없는 성전 뜰 안에 큰 방을 내 주었습니다. 게다가 13장 28절을 보면 엘리아십이 손자를 산발랏의 딸과 결혼시킵니다. 산발랏과는 사돈을 맺고 도비야와는 정략적으로 손을 잡은 것입니다. 그의 욕심은 단순히 그 자신의 죄에 머물지 않았습니다. 지도자의 욕심이 어떻게 죄의 연결 고리를 만드는지를 보십시오. 그가 도비야에게 내 준 방은 제사장에게 줄 거제와 십일조 등 여러 가지를 모아 둔 창고였습니다. 그 방을 내어 줬으니 백성의 십일조를 받아 둘 수 없게 되었고, 레위인들의 수입이 없어지니 생계를 위해 나간 것입니다.

또 한 가지의 이유는 희생과 결단 없이 도망가 버린 영적 지도자 때문입니다. 왜 레위인들은 부당하게 행하는 엘리아십에게 항의하지 않았을까요? 왜 이방인인 도비야를 그곳에 머물게 하는지, 왜 하나님의 것을 구별하지 않는지 말하지 않았습니다. 그들은 희생해서 하나님의 일을 한 것도, 죄와 싸운 것도 아니고 그냥 도망가 버렸습니다. 희생도 결단도 없는 영적 지도자들에 의해 결국 무너진 것입니다.

본문을 읽으면서 도비야의 조롱이 예언이 될 수도 있다는 생각을 했습니다. 여우 한 마리가 올라가도 성벽이 무너진다는 도비야의 저주를 떠올려 보십시오. 말도 안 되는 것 같지만, 사탄의 저주는 우리의 욕심으로 현실이 됩니다. 여우 한 마리는 욕심이요 방심입니다.

느헤미야서를 읽으면서 오늘날 한국 교회에 주는 메시지를 생각해 봅니다. 13장의 일이 우리에게 다가왔다는 것입니다. 한국 교회는 어쩌면 70년대부터 90년대에 쌓았던 열매를 먹으며 버텼습니다. 느헤미야의 12년과 같지요. 그런데 1년 만에 그들의 거룩이 무너진 것처럼 코로나19 사태로 몇 달간 갑작스러운 변화를 겪은 후에 한국 교회가 뿌리째 흔들리는 것을 경험했습니다. 오늘도 변화되지 않으면, 오늘도 새로워지지 않으면 우리는 무너지고 말 것입니다. 우리는 날마다 개혁되어야 하는 개혁 교회가 아닙니까? 예배 자리에 있는 레위인부터 결단해야 합니다. 그리고 우리 모두 느헤미야가 되어야 합니다. 삶의 자리에서 기도를 멈추지 않는 우리가 외쳐야 합니다. 변화되기를 거부하고 자기 혼자 살겠다고 자기 밭으로 다 도망가 버리면 무너집니다. 하나님이 말씀하시는 거룩을 지키길 원한다면 주의 십자가를 지고 주의 공동체를 다시 거룩하게 세우겠다는 결단이 필요합니다.

느헤미야가 12년 동안 수고하여 지켰지만 그가 잠시 자리를 비운 1년 사이에 거룩의 공동체가 무너졌습니다. 한국 교회가 이것을 보며 매일 새로워지지 않으면 무너지고 만다는 교훈을 얻고 결단하기를 바랍니다.

단단한 삶의 자리를 위한 질문

- 공동체에서 거룩을 잃기 쉬운 이유는 무엇입니까?

....

- 삶과 공동체가 새로워지기 위해 필요한 일은 무엇입니까?

....

21

우리를
기억하옵소서

✳

정한 기한에 나무와 처음 익은 것을 드리게 하였사

오니 내 하나님이여 나를 기억하사 복을 주옵소서

느헤미야 13:15-31

느헤미야는 자신이 자리를 비운 1년간 무너진 부분들을 계속 점검해 나갑니다. 도비야를 내쫓았고 십일조를 점검한 후에 안식일을 지키는 문제를 되짚고 있습니다. 안식일에 장사하는 사람들, 먼 길을 오가는 사람들에게 안식일을 제대로 지키게 만들고 백성들이 이방인과 결혼하는 것을 금지시킵니다. 그 부분에서 느헤미야는 솔로몬의 이야기를 예로 듭니다.

그 지혜로웠던 왕이, 성경의 표현대로 하면 하나님의 사랑을 입은 왕이 이방 여인들과 결혼한 것으로 인해 말년에 결국 무너지고 범죄하게 되었다는 것입니다. 느헤미야가 이 모든 사건에 굉장히 분노하고 있음을 보게 됩니다. 11절 말씀처럼 "하나님의 전"이 버린 바 되었다고 느껴졌기 때문입니다. 그들이 "우리가 우리 하나님의 전을 버려두지 아니하리라"(느 10:39)고 결단하며 서약했었는데, 하나님의 전을 방치했으니 분노가 일어난 것입니다.

거룩을 세워 가는 노력

이제 느헤미야서의 결론을 살펴봅시다. 느헤미야는 지금 무엇을 세우고 있습니까? 물리적으로는 눈에 보이는 성벽을 세운 것이지만 사실은 거룩을 지키겠다는 것, 거룩한 하나님의 백성의 삶을 회복하겠다는 약속을 세우고 있습니다.

느헤미야의 때는 '분리'가 거룩의 방법이라고 생각하던 시대이기 때문에 거룩을 다시 세우기 위해서 대표적인 세 가지를 말합니다. 바로 십일조와 안식일과 결혼입니다. 이 세 가지는 장소적으로 중요한 의미가 있습니다. 십일조는 내가 일하는 생업의 자리를 뜻합니다. 안식일은 우리가 예배드리는 장소를 이야기하기도 하고, 우리가 쉬는 자리도 안식일에 생각해 보아야 할 장소의 개념입니다. 결혼은 우리가 살아가는 곳, 곧 가정을 의미합니다. 그러니까 십일조와 안식일과 결혼은 우리 삶 전체를 의미하는 세 단어가 됩니다. 하나님은 우리의 전체 삶의 영역에 "너희는 그 모든 곳을 거룩하게 만들고 있느냐"는 질문을 던지십니다.

십일조가 던지는 질문은 '빛과 소금이 되어 생업의 자리를 거룩하게 했느냐'는 것입니다. 안식일의 질문은 '하나님 앞에 영과 진리로 예배하고 있느냐, 지금 그곳에서도 예배자로 있느냐'는 것입니다. 가정에 대해서도 '온 가족이 예배하는가' 물으십니다. 그렇기 때문에 믿지 않는 사람과 결혼하는 것은 또 하나의 과제가 됩니다. 가정이 예배하는 공동체가 되려면, 그 사람과 함께 하나님을 예배할 수 있는지에 대한 질문에 대답해야 합니다. 결국 거룩이란 우리가 어느 곳에 있든지 온전한 예배자로 설 수 있느냐의 문제입니다.

내 안의 도비야를 내쫓으라

예루살렘 성전 뜰 안에서 도비야를 내쫓고 도비야의 세간을 밖으로 내던지는 느헤미야의 모습에서 특별히 예루살렘 성전을 정화시키는 예수님의 모습이 보입니다. 두 장면에서 공통적인 것이 하나 있습니다. 도비야의 세간을 내던질 때, 총독인 느헤미야가 직접 했습니다. 예루살렘 성전에서의 예수님도 직접 노끈으로 채찍을 만들어 우양을 내어 쫓으시고, 돈 바꾸는 자의 상을 엎으신 일을 하셨습니다.

마찬가지로 우리 몸은 하나님이 거하시는 거룩한 성전인데, 우리가 내 안에 도비야의 방을 만들어 두지는 않았습니까? 그러니 우리가 직접 이 도비야의 방에서 세간을 내던지고 도비야를 쫓아내고 주님을 주인으로 모셔야 합니다. 온전한 예배자가 되어 거룩함을 지키려 애쓰지 않으면 머리털을 뽑히고 수치를 당할 것입니다.

이것이 바로 느헤미야가 특별히 코로나19로 고난당하고

있는 그리스도인들에게 던지는 말씀입니다. 한국 교회가 스스로 우리 가운데 자리 잡은 도비야를 내쫓아야 합니다. 주님이 계셔야 할 그곳을 청소해 내야 합니다. 코로나19로 인해 우리는 스스로를 점검하고 도비야를 내쫓고 거룩한 예배자로 다시 설 기회를 잡았습니다.

온전한 예배자가 되십시오. 우리가 빛과 소금이 되고 무너진 성벽을 수축하여 수치를 당하지 않게 된다면 느헤미야처럼 "내 하나님이여 나를 기억하사 복을 주옵소서"(느 13:31)라고 기도하게 될 것입니다. 우리 안에 무너진 성벽을 수축하고, 주님을 내 안에 모시며, 하나님 앞에 거룩한 예배자가 되어 세상을 거룩으로 물들일 수 있기를 소원합니다.

단단한 삶의 자리를 위한 질문

- 당신의 삶에서 다시 세워야 할 성벽이 있다면 무엇입니까?

- 날마다 삶을 개혁하기 위해 필요한 영적 준비는 무엇입니까?

말씀에 반응하여 지경을 넓히십시오

미국의 기독교 교육학자 하워드 헨드릭스(Howard Hendricks) 교수는 느헤미야서 1장을 "3Rs"라고 지칭하며 R로 시작하는 세 영어 단어로 이 장을 설명합니다. 첫 번째는 '리포트 (Report)'입니다. 소식이라고 표현하는 것이 좋을까요? 1장 1절부터 나오는 이야기입니다. 형제 하나니를 통해서 그의 고향 예루살렘의 소식을 들었다고 말하고 있습니다. '리포트'를 받은 것입니다.

그다음에 두 번째 R은 '리스폰스(Response)'입니다. 그는 하나니가 전하는 소식을 듣고, "앉아서 울고 수일동안 슬퍼하며 하늘의 하나님 앞에 금식하며 기도"(느 1:4)했습니다. 느헤미야는 그렇게 반응(Response)했습니다. 그러면 반응 다음의 단계는 무엇입니까? 그는 세 번째 R을 '리퀘스트 (Request)'로 명명하며 느헤미야는 기도하였다고 말합니다.

우리는 어떤 소식을 들으면 반응하게 되어 있습니다. 그런데 우리가 느헤미야의 반응에 주목해야 할 이유는 그가

들은 소식이 느헤미야 개인과 그렇게 연결이 밀접하지 않았다는 것입니다. 교포 3세로서 한 번도 가본 적이 없고, 단지 할아버지가 살았던 고향일 뿐인데, 고향 소식에 그렇게 감정적으로 반응을 보이기는 어렵지 않았을까 생각하게 됩니다. 시대와 상황을 따라 추측해 봤을 때는 그렇습니다. 그런데 하나님은 오늘 우리에게 이것을 묻고 계십니다. "네가 잘 먹고 잘살고 있을 때, 네 문제가 아닌 이웃의 문제, 다른 공동체의 문제, 나라의 문제로 너는 통곡하며 금식하며 하나님께 매달려 본 적이 있느냐?"

우리가 어떤 소식을 들었고(Report), 반응했다면(Response), 그다음 단계는 기도하는(Request) 것입니다. 첫 번째, 소식을 듣는 것은 지적인 단계, 즉 지식을 받아들이는 단계입니다. 두번째, 반응하는 것은 감정의 단계라고 말할 수 있습니다. 다른 말로 '정서'라고 표현해 보겠습니다. 그런데 그리스도인은 그것을 영적인 단계로 승화시켜야 합니다. 우리의 아픔이 기도로, 우리의 기쁨이 기도로, 영적인 단계로 승화되어야 하는데 그 정서적인 반응의 지경이 확대될 때, 우리의 기도의 지경 또한 확대되는 것입니다.

느헤미야는 선조의 고향 예루살렘의 소식을 듣고 나서

정서적으로 반응하고 영적으로 승화시켜 기도했습니다. 그가 민족의 죄를 자신의 죄로 고백한 것처럼 하나님은 우리의 지경이 넓어지기를 원하십니다. 비록 내 삶의 자리가 작을지라도 우리는 세계를 품고 기도할 수 있습니다. 우리는 하나님의 부르심에 응답하는 자들로서 이 땅의 상황에 대해 우리의 감정의 지경을 넓히고 기도의 지경을 넓혀서 십자가의 길을 걸으신 예수 그리스도를 기억하고 따라가는 삶을 살 수 있습니다.

느헤미야서를 통해서 우리가 배워야 할 것은 하나님이 우리의 지경이 넓어지기를 원하신다는 것입니다. 하나님은 언제까지 네 개인의 문제로 씨름하고, 언제까지 네 눈물의 범위가 가족과 친지로 한정되겠느냐고 물으십니다. 아브라함이 자기 "고향과 친척과 아버지의 집을"(창 12:1) 떠남으로써 자신의 지경을 넓힐 수 있었고, 결국 그의 자손이 온 인류를 구원하는 메시아로 연결된 것처럼 우리도 믿음으로 내 "고향과 친척과 아버지의 집을" 떠나야 한다는 것입니다. 지경을 넓히십시오.

그런 의미에서 지금 이 시기는 우리의 지경을 넓힐 수 있는 때입니다. 기도의 지경이 넓어질 수 있는 좋은 영적인 훈련이 됩니다. 자녀들과 함께 기도하는 것이 중요합니다. 왜냐하면 가정에서 어려서부터 나라와 민족을 위해 기도한 아이들은 하나님이 반드시 나라와 민족을 위해 사용하실 것이기 때문입니다.

무엇보다 거룩의 지경을 넓혀야 합니다. 우리끼리 모여 분리하고, 세상을 비난하는 왜곡된 거룩을 무너뜨리고, 빛과 소금으로 세상을 거룩하게 만들어야 합니다. 다시는 수치를 당하지 않게 우리의 성벽을 말씀과 기도로 세우며 거룩한 예배자로 세상을 변화시키는 이 시대의 느헤미야가 되기를 소망합니다.